협상사례연구 시리즈 1

조직갈등해결의 실무와 사례

원창희, 박정일, 진한겸, 조윤근, 이강수 지음

KNMI
Fateri Audi
Pax
한국협상경영원
Korea Negotiation Management Institute

　한국협상경영원에서 협상가1급 자격증 과정과 마스터협상가 과정을
운영하면서 우수한 교육생들을 배출하게 되었다. 단순한 지식의 습득 차
원을 넘어서 그 지식을 현장에 적용하고 현장으로부터 새로 배우게 되는
학습과 경험의 순환을 경험하게 된다.

　협상의 역량개발은 지식습득과 실습을 통해 상당부분 성취될 수 있다.
하지만 한 걸음 더 나아가 현장에서 경험을 사례로 발굴하여 체계적으로
분석하고 비교하고 또 이론과의 적합도를 가늠해보는 고도의 현장중심
학습은 실천적 협상역량을 개발하는 더 없는 좋은 기회로 보인다.

　협상을 학습하면서 이론을 배우면서도 쉽고 재미있게 이해할 수 있는
방법은 사례를 들어 설명하는 방법이다. 그럼에도 불구하고 막상 적절한
사례를 찾으려고 하면 찾기 어려운 현실에 직면한다. 왜냐하면 정형화된
사례를 발굴하여 체계적으로 분석해 놓은 문헌이 별로 없기 때문이다.
분명 현장에는 많은 사례가 있음에도 이를 연구하고 분석한 연구가 별로
없어서 사례 구하기가 어려운 것이다.

　협상교육과정의 교육생들은 각자 직장이나 분야가 서로 달라 갈등과
협상의 분야별로 특화된 현장 관찰과 분석이 효과적일 것으로 보인다.
그래서 그 동안 몇 개 분야의 사례연구팀이 조직되어 사례연구가 진행되
고 있다. 그 중에 하나가 바로 조직갈등연구팀이다. 조직갈등연구팀은 1
년에 걸쳐 각자 자신의 조직갈등 사례를 발굴하려고 노력하였다.

　조직갈등은 조직 내 갈등이라고도 하고 작업장 갈등이라고도 한다. 한
조직 내에서 상사와 부하 간 갈등, 동료 간 갈등 등 개인갈등이 발생할

수 있고 부서 간 갈등, 직렬 간 갈등, 노동조합과 회사 간 갈등 등 집단갈등도 발생한다. 연구자들은 이렇게 조직 내에서 다양한 갈등을 관찰하고 분석하여 사례로 완성하는 창조적 활동에 온 힘을 기울였다.

　사례의 비교분석과 교훈을 얻기 위해 연구 집필자들은 각자 조직갈등을 해결하는 과정과 결과를 일정한 틀 속에서 담아내보기로 하였다. 또한 갈등을 해결하는 과정에서 어떤 협상스킬이 사용되었는지 살펴보고 사례 연구에서 배울 수 있는 교훈을 도출하려고 노력하였다.

　집필자들이 작성한 사례는 제2부에 수록된 총 10가지이다. 사례의 규모와 분류를 고려하여 집필자도 명시하여 정리하면 다음과 같다.

[조직 간 갈등]
사례 1. 지자체 연구용역 수행 갈등해결 사례　　　　　　이강수
[본사 지사 간 갈등]
사례 2. 종합병원 콜센터의 갈등해결 사례　　　　　　　박정일
사례 3. 지주와 자회사 간 갈등협상 사례　　　　　　　　박정일
[직렬 간 갈등]
사례 4. 일직, 당직 근무제도 개편 협상 사례　　　　　　조윤근
[부서 간 갈등]
사례 5. 냉장고 제조판매 부서갈등 협상 사례　　　　　　원창희
사례 6. 의료기기구매 부서갈등 협상 사례　　　　　　　원창희
사례 7. 생산 반장과 정비 반장 간 갈등해결 사례　　　　조윤근
[개인 간 갈등]
사례 8. 조직 내 복합적 관계갈등 해결 사례　　　　　　진한겸
사례 9. 프로젝트수행중 개인갈등 해결 사례　　　　　　이강수
사례 10. 인사평가 면담 갈등해결 사례　　　　　　　　　조윤근

이 사례를 효과적으로 이해하기 위해 제1부에서는 조직갈등의 분야와 특징, 분석 구조, 해결방법 등 조직갈등해결의 이론과 실무를 설명하였다. 제3부는 10개의 사례를 공통의 항목들로 비교분석하고 교훈과 시사점을 도출하였다. 제1부는 원창희가 담당했으며 제3부는 모든 집필자가 참여하여 완성하였다.

조직의 갈등해결과 협상에 관심 있는 독자들에게 조금이나마 도움이 되기를 기대하며 이 책의 부족한 점에 대한 조언을 환영한다.

2023년 12월 15일
대표 집필자 원창희 씀

　　1950년 한국전쟁 종료부터 2023년 현재에 이르기까지 한국은 세계 열 번째로 큰 경제대국으로 성장하였다. 그 결과 한국은 2010년 OECD 개발 지원위원회에 가입함으로써 수혜국에서 원조국으로 전환한 세계에서 유 일한 나라가 되었다.

　　그런데 이러한 놀라운 성장은 그만한 대가 없이는 불가능하다. 한국 기업들은 거칠게 경영하고 지나치게 경쟁적이며, 작업규율이 엄격한 반 면 휴식이 턱없이 부족하다는 비판을 받고 있다. 한국인은 세계적으로 노동시간이 가장 긴 불명예를 가지고 있다. 이것은 직장에서 스트레스와 공격성으로 이어지고 있으며, 사람들 간에 발생하는 갈등이 합리적인 토 론이 아니라 다툼이나 적대적인 방법(투쟁, 파업, 괴롭힘 등)으로 해결되 는 듯하다. 직장에서의 이러한 결과는 기능장애를 일으키고 작업시간손 실, 소모적인 논쟁, 불만족 근로자의 이직 등 높은 경제적 비용을 유발하 고 있다.

　　이 책은 조직 내 갈등사례에 초점을 맞추어 조직갈등의 이론과 실무를 분석하고 있다. 필자들은 공통의 형식과 구조로 갈등해결사례를 개발하 고 사례로부터 도출하는 토론, 타협, 윈윈해결 같은 합리적인 방법을 제 시하고 있다.

　　각각의 갈등해결 이야기는 그 자체가 재미있을 뿐 아니라 학생이나 유 경험 협상가 모두에게 밝게 비추어주고 있다. 많은 이야기와 비교분석은 협상전문가들의 분석에 따라 갈등사례의 원인, 전략 및 스킬을 배울 수 있는 기회를 독자들에게 제공하고 있다.

　　이 책은 독자들이 사례연구로부터 배우고 영감을 얻도록 장려하고 있 다. 각 사례는 학생이나 실무자에게 실무지식과 스킬을 제공하고 사례의 비교분석은 깊은 통찰력을 줄 것이다. 이 사례들은 모두 실제 경험이기 때문에 사례분석을 통해 실질적으로 교훈을 쉽게 얻고 모방할 수가 있다.

2023년 12월 15일
잰 선우(Jan Jungmin Sunoo)
미국 연방조정알선청(FMCS) 조정관(전)

Recommendation for
"The Practice and Cases of Organizational Conflict Resolution"
by Chang Hee Won, Jeong Il Park, Han Gyum Jin, Yoon Kun Cho, Kang Su Lee

From the end of the Korean War in 1950 to the current 2023, Korea has grown to be the 10th largest economy in the world. As a result, Korea is the only country in the world which has switched itself from an aid recipient to donor country by joining the OECD/DAC(Development Assistance Committee) in 2010.

However, this amazing growth has not occurred without serious costs. Korean companies have developed a reputation for tough management and a highly competitive work environment, tight work discipline and little vacation or break time. Koreans have the dubious honor of working the longest workday in the modern world. This has led to stress and aggression at the work place, so that conflicts arising between people are more likely to be resolved through quarrel or confrontation (e.g. struggle, labor strikes, bullying) than through reason or discussion. These results in workplace dysfunction and have huge economic costs in time lost from work, exhaustive arguments, dissatisfied employees quitting, etc.

This book analyzes organizational conflicts in theory and practice, focusing on cases at the workplace. The co-authors develop their conflict resolution cases with common format and structure. They suggest reasonable methods such as discussion, compromise and win-win solutions which are derived from their stories.

Each conflict resolution story is fascinating in itself as well as illuminating to both the student and the experienced negotiator. The many stories and comparative analyses provide the reader the opportunity to learn the causes, strategies and skills of the conflict cases as analyzed by a negotiation expert.

This book encourages the reader to learn and be inspired from these case studies. Each case study gives the student/practitioner practical knowledge and skills and the comparative analysis of cases gives deep insight. Because these are all real life experiences it is realistic that lessons can easily be learned and replicated from these case studies.

December 15, 2023

Jan Jungmin Sunoo

Commissioner,

US Federal Mediation and Conciliation Service(retired)

▮ 차례 ▮

▌표 차례▐

▌그림 차례 ▌

▌부록 차례▐

제1부 조직갈등해결의 이론과 실무

제1장 조직갈등의 분야, 유형 및 특징

1. 조직갈등의 정의

조직갈등(組織葛藤, Organizational Conflicts)을 정의하는 문헌들은 많이 있지만 여기서는 가용한 주요 문헌의 정의를 소개한다.

-조직갈등은 함께 일하는 사람들 간의 욕구, 가치, 이해관계의 실질적 또는 인식 상 반대에 의해 야기되는 불일치 상태이다. 개인간, 집단내, 집단간, 조직간 갈등이 있다.(Wikipedia, "Organizational Conflict.")

-조직갈등은 조직구성원 간 욕구, 신념, 자원 및 관계의 실제적 또는 인식적 차이로 발생하는 불일치나 오해의 상태를 말한다.(Business Jargons)

-조직갈등은 조직 내 여러 집단 사이의 갈등 말하며 집단간 갈등이라고 도 한다.(Draft and Steers, 1986)

-조직 내 갈등으로서 부서 간 갈등, 상하 간 갈등, 노사 간 갈등을 대표 적인 갈등으로 보는 견해가 있다.(원창희, 2012)

조직갈등과 유사개념으로 작업장 갈등(作業場 葛藤, Workplace Conflicts)을 정의하기도 한다.

-작업장 갈등은 작업장 내 개인 간 갈등을 지칭하기도 한 다.(Donahue, 2022)

-작업장 갈등은 작업장에서 상호의존적인 둘 이상 당사자들 간의 불일

치를 말한다.(Masters and Albright, 2002)

　-작업장 갈등은 근로자 간의 갈등과 근로자와 경영자 간의 갈등을 포함하는 사회적 현상이며 작업장에서 사회적 상호작용과 상호의존성의 결과로 나타난다.(Gleason, 1997)

　-작업장 갈등을 개인 간의 개인갈등과 집단 간의 갈등인 노사갈등을 포함하는 통합적 갈등으로 보기도 한다.(원창희, 2011)

　이 책에서는 작업장에 국한하여 갈등을 다루는 것이 아니고 일반적인 조직의 갈등을 다루고 있어서 상기 정의들을 종합하여 조직갈등을 다음과 같이 정의한다.

　"조직갈등은 조직 내 상호의존적인 둘 이상 당사자들 간의 불일치를 말하며 개인갈등과 집단갈등을 포함한다."

2. 조직갈등의 분야

　조직갈등은 기본적으로 조직 내에서의 갈등을 말하고 있으며 한 조직이 다른 조직과의 조직 간 갈등은 여기서 다루지 않는다. 조직 내 갈등을 당사자들의 관계 중심으로 분류하면 다음과 같이 세 가지가 된다.[1]

1) 조직 내 개인갈등

　같은 조직 내에서 어떤 개인이든 개인 간에 발생하는 갈등은 여기에 속한다. 흔히 발생하는 개인갈등으로는 상하 간 갈등과 동료 간 갈등이 있다. 이들의 갈등은 직장 내 괴롭힘, 업무수행 상 갈등, 개인적 감정대립등을 포함하게 된다.

2) 조직 내 개인-집단갈등

조직 내 개인–집단갈등이라 함은 당사자 한 쪽은 개인인데 반해 다른 한 쪽은 회사, 부서, 노동조합, 직군, 또는 특정 다수 등의 집단인 갈등이다. 이들의 갈등은 해고, 징계, 인사상 갈등, 임금이나 보수 갈등, 고충처리, 고용 또는 성 차별, 왕따, MZ 갈등 등 많은 갈등을 포함하고 있다.

3) 조직 내 집단갈등

조직 내 집단갈등은 갈등당사자들이 모두 집단인 경우의 갈등이다. 대표적인 집단갈등은 노동조합과 회사 간 갈등으로 제도적으로는 단체교섭과 임금교섭이 있다. 또한 개발팀과 생산팀 또는 판매팀 간의 팀 간 갈등, 연구직렬과 생산직렬 간의 직렬 간 갈등, 본사와 지사 간 갈등, 지점과 지점 간 갈등, 사내 하청의 경우 원하청 간 갈등 등이 집단갈등으로 분류될 수 있다.

3. 조직갈등해결의 접근방법

갈등을 적극적으로 대처하는 방법은 세 가지가 있는데 가장 오래된 방법은 전통적인 힘(power)에 의한 해결이다.[2] 힘에 의한 해결은 동물의 세계에서 볼 수 있는 가장 확실한 갈등해결 방법이라 할 수 있다. 인간에서도 갈등이 발생했을 때 가장 빠르고 직접적이며 확실한 방법은 힘에 의한 해결이다. 사실 동물의 세계와 마찬가지로 힘으로 지배하는 모든 조직에서는 힘이야말로 갈등해결의 가장 중요한 수단이 될 것이 분명하다. 원시사회이든 현대사회이든 국가, 사회, 조직의 통치는 힘을 근간으로 하기 때문에 형태를 달리하지만 힘에 의한 갈등해결이 매우 쉽게 관찰된다.

갈등을 해결하는 두 번째 방법은 권리(rights)이다. 역사적으로 볼 때 신체나 무기와 같은 무력에 의해 사회를 지배하는 원시사회로부터 신권이나 왕권에 의해 사회를 지배하는 중세시대로 넘어오면서 왕의 칙령, 교회의 교리, 재판정의 법전이 구축, 강화되면서 국가와 사회조직이 수립한 법과 규율이 모든 행위의 정당성을 재단하는 도구가 되었다. 그래서 사회에서 어떤 갈등이 발생했을 때 이를 해결하는 방법으로서 법률적으로 누가 적법한 행위를 하였는지, 누가 정당한 사람인지를 가려주는 것이 사회질서유지에 매우 중요한 방법으로서 자리 잡고 있다. 말하자면 갈등이 발생했을 때 누구에게 합법적 권리가 있는지를 판정해주는 것이 권리에 의한 갈등해결 방법이 된다. 권리의 원천은 헌법과 법률이며 법률에 따라 행정적으로 내리는 결정과 해석도 권리의 2차적 원천이 될 수 있다.

갈등을 해결하는 세 번째 방법은 합의(consensus)이다. 힘에 의한 해결은 신체나 재력이나 권력으로 상대방을 제압해서 갈등을 해결하고, 권리에 의한 해결은 국가사회의 질서를 위해 제정해둔 법률이나 규칙에 따라 판정함으로써 갈등을 해결하는데 반해, 합의에 의한 해결은 당사자들의 자율적 의사에 따라 서로 합의해서 갈등을 해결하는 것을 말한다. 합의에 의한 해결은 힘으로써 상대를 제압해서도 안 되고 권리가 누구에게 있는지 따지지도 않으며 오로지 당사자들이 대화하고 협의해서 해결방안에 합의하는 것이다. 갈등은 이해관계(interest)가 충돌하여 발생하는 것이어서 합의를 한다는 것은 이해관계를 충족시키거나 조정해서 만들어낸다.

이상 갈등해결의 3가지 접근방법을 어떤 순서대로 적용하는 것이 효과
적일까? **그림 1.1.1**에서 보듯이 힘을 가정 먼저 사용하고 권리를 그 다음
사용하고 합의를 가장 나중에 사용하는 순서는 고통스러운 접근방법이
다. 반대로 합의를 가장 먼저 사용해보고 합의가 어려우면 권리를 사용하
고 권리도 해결이 어려우면 힘을 사용하는 순서는 효과적인 접근방법이
된다.

그림 1.1.1 갈등해결의 3가지 접근방법

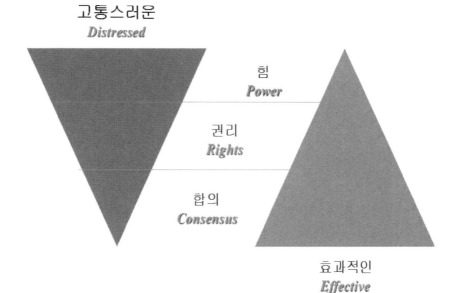

출처: Ury, Brett and Goldberg(1988), Lewicki, Barry and
Saunders(2015), p.11.

4. 조직갈등의 유형

조직갈등의 유형은 위에서 논의한 갈등해결 접근방법에 따라 갈등을 유형화한 세 가지로 분류할 수 있다.[3]

1) 이해관계의 조직갈등

작업의 결과로서 얻고 싶은 것에 영향을 주는 불일치, 작업장에서 일반적 관리에서부터 배치, 평가, 일정, 촉진, 보상 등 구체적인 관심에 이르기까지 매우 광범위하게 발생하는 갈등이 이해관계의 조직갈등에 해당한다.

2) 권리의 조직갈등

법률, 규정, 법원판결 등 법적으로 보호된 권리의 주체로서 근로자들이 권리의 피해를 제기한다. 또한 조직이 표준관행, 계약합의, 정책보고서와 같은 내부 권리체계를 수립해 두고 있는데 예를 들어 인사기록 정보보호정책, 해고관련 정책, 징계규칙이 있다. 그래서 권리의 조직갈등은 노동관계보호법, 차별금지법, 작업규칙요구 등 근로자 권리의 위반으로 발생하는 갈등을 말한다. 근로자 권리에 대해 갈등이 발생하면 근로자가 외부구제를 추구하므로 조직은 완전히 다른 분쟁해결 영역으로 들어간다. 이때 주요 예방전략은 법률문제를 제기할 가능성이 있는 이익분쟁을 조직이 당사자들을 보호하는 효과적인 방법으로 해결하는 것이다.

3) 권력의 조직갈등

권력은 다른 사람의 노력을 위축시키는 능력 또는 불일치 비용을 수용 불가 수준까지 높임으로써 해결을 강제하는 능력을 말한다. 예를 들어 한 기업이 다른 기업을 인수, 합병할 때 권력투쟁이 있다. 어느 관리팀이 상위에 있을지, 어느 인사체계가 적용될지, 어느 비즈니스 전략이 우위에 있을지, 누가 자택 가까이 배치될지, 누가 책임이 있고 없는지, 누가 인수 합병결과로 행동을 바꾸어야 하는지 등이다. 누가 권력을 가지는지, 언제, 어떻게 권력이 사용되어야 하는지 등 권력의 완전한 행사는 권력의 조직갈등을 유발할 수 있다.

5. 조직갈등해결의 특징

① 갈등의 당사자들이 공동의 조직문화를 가지고 있고 서로 잘 알고 오래 동안 갈등관계에 있을 가능성이 높다

같은 조직 내에 있는 개인과 집단이 갈등관계에 있다면 공동의 업무와 상호작용의 경험을 가지고 있기 때문에 공동의 조직문화를 가지고 있다. 또한 같은 조직 내에서 공동의 조직문화를 가진 상태에서 발생하는 갈등 이라 갈등의 당사자들이 서로 잘 알 뿐 아니라 오랜 기간을 두고 발생한 경우가 많고 해결하지 않고 묻어둔 형태로 있기도 하다.

② 같은 조직 내 갈등에는 공동의 이해관계와 상이한 이해관계가 존재한다.

같은 조직 내에서 발생하는 갈등에는 두 당사자 간에 조직의 발전이라는 공동의 이해관계가 반드시 존재하는 반면 업무 수행 상 상호작용과 상호의존성에 따라 이해관계가 서로 다를 수가 있다.

③ 상이한 이해관계에 집중할수록 갈등이 증폭하고 공동의 이해관계에 집중할수록 갈등이 감소한다.

서로 다른 이해관계에 집중하여 양보 없이 입장에 집착하면 갈등이 커지지만 조직 공동의 이해관계에 집중하여 협력하면 갈등이 줄어든다.

④ 조직 내 갈등의 처리 과정과 결과는 조직의 생산성에 큰 영향을 미친다

공동의 이해관계를 발전시켜 갈등을 해결한 경우에 조직의 생산성이 크게 증가할 수 있다. 반면 공동의 이해관계는 무시한 채 서로 다른 이해관계에 집중하여 업무의 지연과 불만족스러운 업무처리로 해결되면 조직의 생산성을 크게 저해하여 조직에 손실을 입히게 된다.

⑤ 조직 내 갈등의 잘못된 처리로 갈등이 증폭되거나 장기화되면 외부로 표출될 가능성이 높으며 조직의 명성에 타격을 입힌다.

갈등의 효과적 관리는 초기에 갈등을 해소할 수 있어서 내부적으로도 어떤 문제가 발생하지 않고 오히려 가치창조를 할 수도 있다. 그러나 갈등을 효과적으로 관리하지 못하면 갈등이 커지거나 장기화될 수 있기 때문

에 외부로 부정적 갈등리스크가 표출되어 조직의 평판에 악영향을 주게 된다. 부정적 이미지는 비즈니스관계와 고객관계에 나쁜 영향을 미쳐 매출과 수익을 감소시키는 원인이 될 수 있다.

⑥ 조직 내 갈등이 드러나지 않는다고 갈등이 없는 것이 아니고 단지 내재되어 생산성과 이직에 영향을 미친다.

조직 내 갈등이 드러나면 갈등이 많은 조직으로 판단하고 갈등이 드러나지 않으면 갈등이 없는 조직으로 판단할 수 있다. 그러나 조직의 분위기에 따라 갈등이 쉽게 드러나는 조직이 있는 반면 갈등이 드러나지 않지만 내재하여 일의 태만, 이직 등 다른 형태로 나타나는 경우도 있다. 드러나지 않고 내재된 갈등이 조직의 생산성과 이직에 영향이 가지 않도록 내재된 갈등도 관리하는 것이 중요하다.

제2장 조직갈등의 분석 구조

1. 조직갈등 협상의 구조

그림 1.2.1 조직갈등 협상의 구조

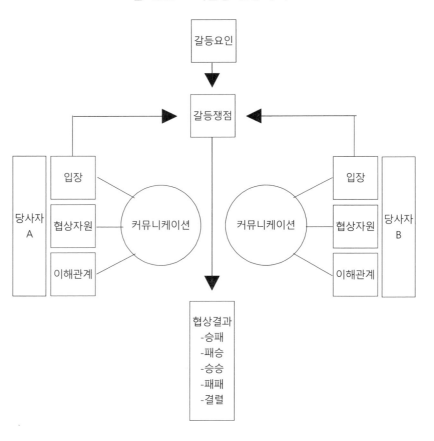

조직 내에서 갈등이 발생하는 구조를 나타낸 것이 **그림 1.2.1**이다. 당사자 A, B가 어떤 갈등의 쟁점에 대해 입장과 이해관계를 가지고 있으며 각자의 협상자원을 이용하여 커뮤니케이션을 통해 협상하게 된다. 갈등의 쟁점은 어떤 갈등요인으로부터 발생하고 협상의 결과 승패, 패승, 승승, 패패 또는 결렬을 맞이하게 된다. 그림의 세로로 내려가며 갈등의 생성, 소멸이 진행되는 시간적 차원이고 가로로 펼쳐지는 것은 양 당사자들의 상호관계가 작동하는 관계적 차원이 된다.

2. 조직갈등의 당사자

작업장에서 갈등은 개입해 있는 여러 당사자들에 의해 다양하다. 갈등은 작업과 관련하여 이해, 권리, 권력을 가진 많은 당사자들 사이에 발생한다. 직접 통제할 수 없는 사람들이나 공식적, 법적 고용관계가 없는 사람들과 더 많은 갈등을 가질 수 있다.[4]
　> 갈등은 고용관계에 있는 관리자와 종업원간에 발생한다.
　> 갈등은 직접 상하관계가 아닌 관리자와 종업원간에 발생한다.
　> 갈등은 기업 내 임시적 계약관계인 관리자와 종업원간에 발생한다.
　> 갈등은 한편으로는 관리자와 종업원간, 다른 한편으로는 공급자와 고객 간에 발생한다.
　당사자들에는 소유자, 경영자, 관리자, 근로자(독립적 근로자, 계약직 근로자), 하청업체, 공급업체, 고객, 의뢰인, 최종수요자 등 조직의 업무와 관련한 모든 이해관계자들이 다 포함될 수 있다.
　갈등 사업장은 사업의 흐름에 따라 나누어진다. 제품을 생산하고 서비스를 제공하는 측면의 사업장이 있고 고객과 의뢰인의 요청에 따라 서비스를 제공하는 측면의 사업장이 있다.

그림 1.2.2 작업장 갈등의 쟁점, 당사자, 사업장

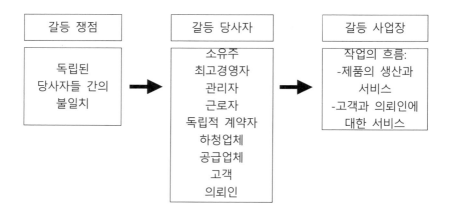

3. 조직갈등의 요인

1) 환경적 요인

(1) 노동시장

불경기에서 회사 이윤이 하락하면 해고가 발생하고 근로자들은 직장상실의 두려움이 생긴다. 직원감소로 업무량이 증가하고 긴장과 갈등이 발생할 환경이 지배적이다.

(2) 제품시장

과도한 경쟁적 제품시장에 직면할 경우 가격과 품질의 형태뿐 아니라 쇠퇴의 위협으로도 경쟁이 나오게 된다. 기술발달은 그 제품을 쇠퇴하도록 위협한다. 결과적으로 창조, 혁신, 시장적응의 압박이 거대하여 생존을 위해 갈등이 증대하고 강화하게 된다.

그림 1.2.3 조직갈등의 요인

(3) 법률상황

많은 법률과 규정은 근로자에게 작업장에서의 권리를 주고 있다. 인구통계적으로 대표가 없는 인력을 채용하는 기업은 정책이 차별적이라는 책임을 지게 된다. 고령근로자를 역차별하는 형태로 해고를 단행하는 기업은 연령차별 책임을 지게 된다. 불확실한 이유로 관리자를 해고한 기업은 부당 해고소송을 당하게 된다. 소송중인 기업은 누가 귀책사유가 있는지, 유죄협상교섭을 할 것인지, 기본쟁점에 반응하여 어떻게 변해야 하는지에 대한 갈등을 가지게 된다. 법률은 갈등을 만드는 것이 아니라 기업행동에 근로자들이 도전하는 메카니즘을 구축한다. 법률은 갈등의 목소리를 촉진한다. 법률을 지키기 위해서는 기업은 변화할 수밖에 없고 이는 다시 갈등을 만들어낸다.

(4) 인구통계학

나이든 근로자들은 신세대 근로자과 갈등을 가질 수 있다. 신세대는 (MZ) 기술과 작업기대가 다르다. 기술적으로 동기유발되고 장기근속으로 기업에 기여하지 않고 직장, 여가, 가족간 균형에 더 관심이 있다. 이것은 작업방식, 작업시간, 작업장편의시설, 일반관리철학에서 긴장을 만들어낸다.

(5) 정치적 상황

구 소련 지역 공장을 신설하여 운영할 경우 미국관리자와 현지 노동자간의 고용보장, 의사결정, 경력관리 등에 대해 갈등이 발생한다.

(6) 사회적 상황

시골의 개인 기업은 가부장적 경영을 하는 경우가 많은데 작업일정과 관리방식에서 갈등을 일으킨다. 시대가 바뀌면서 가부장적, 군대식 경영이 도전을 받게 되고 긴장관계가 생긴다. 여성과 소수파는 고위직에 잘 채용이 되지 않는다. 기득권에 대한 불만과 요구는 가속화하여 작업관계와 활동의 주체에 영향을 미친다. 조직은 이러한 압력에 대해 적응하는 방법을 모색해야 하는데 기득권의 최선을 유지하면서도 신규인력의 최선을 도입해야 한다. 그렇게 하지 못하면 성과의 문제, 공식, 비공식적 불만, 공개적 도전을 초래하게 된다.

2) 조직적 요인

(1) 재무

(사례) 포드자동차가 2001년 2사분기에 손실이 발생하면서 현금보유고가 감소했다. 그래서 포드는 4,000~5,000명의 화이트칼러노동자를 해고한다고 발표하였다. 이런 재무곤경에서 걱정이 생기고 사기가 떨어졌다. 이러한 상황에서 누가 책임이 있고 누가 고통을 받아야 하고 얼마나 고통을 받아야 하는지에 대해 갈등이 발생하였다. 근로계약이 재협상되고 해고와 조기퇴직이 급증하고 관리자들이 잘리고 공급자계약과 관계가 심각하게 손상되었다. 이것이 많은 긴장과 적대감을 자아내는 요리법이다.

(2) 구조조정

최근 현대화 작업은 기업을 4개의 독립된 생산라인으로 재구성하고 각 생산라인은 기능적으로 회계, 재무, 인적자원, 정보기술 및 마케팅으로 디자인된다. 운영효율성을 높이기 위해 고용과잉은 제거하고 근로자들을 이윤이 높은 생산라인으로 이동시킨다. 이러한 구조조정은 논쟁을 불러일으킨다. 당사자들의 이해관계와 권리가 이러한 과정에서 적절하게 쇄신되었는지, 기존의 고용계약의 위반이 있는지 소수인종과 여성의 권리가 보호되는지, 계획 및 실행과정에서 정치적 편향이 있는지, 어떤 관리직이 변하는지 등이 갈등을 유발한다.

(3) M&A

(사례) 프랑스 소유, 미국 경영 철강제조회사가 두 개의 작은 캐나다 철강회사를 인수했다. 주도적 회사는 캐나다 회사들을 통제하고자 하였다. 경영지위, 직함, 책임이 변했고 인적자원체계가 통합되었다. 새로운 기업문화가 캐나다공장에서 지배하였다. 많은 이해관계, 권리, 권력이 바뀌었으며 불가피하게 저항이 발생하였다. 18개월 동안 주도기업의 관리팀이 갈등을 직면했을 때 자신의 이해관계, 권리, 권력을 유지하는 방법으로 문제를 결정하였다 그러다가 18개월 후에 훨씬 더 큰 미국철장회사가 이 프랑스 소유, 미국캐나다운영기업을 인수하였다. 이 경우 인수기업은 권력을 장악하고 자신의 이해관계와 욕구에 맞도록 여러 가지를 바꾸기 시작하였다. 첫 번째 인수합병에서 발생한 똑같은 갈등이 두 번째에서도 반복되었다.

(4) 전략

제약회사가 제약발견싸이클타임을 줄이고자 하는 전략을 수립하였다. 개념, 시험, 승인, 생산, 신제약 마케팅 사이의 경과시간. 이러한 변화는 현상을 급변시킨다. 과거에 이해관계와 욕구가 상대적으로 억눌렸던 사람이 신속한 가치창출로 더 큰 권력과 책임을 가지게 된다. 새로운 시장개척이나 새로운 기업라인 개발에서도 전략적 결정의 갈등유발 현상이 나타난다.

(5) 철학

온정주의적 회사에서 세밀하고 자율동기유발된 근로자를 요구하는 생산기술과 충돌이 발생한다.

(6) 리더십

장기적 집권한 CEO가 은퇴하고 내부 승진 CEO가 자리에 오르면서 급격한 변화를 시도하면서 갈등을 유발한다. 지지세력과 반대세력이 나뉘어져서 피해자가 발생한다.

(7) 정책

개인 성과에 따른 보상체계에서 팀성과에 따른 보상으로 정책적 변화는 균등한 업무분담이 되는지, 능력에 따라 조직되는지, 최선의 성과를 내는 방법에 대해 이견이 있는지, 그룹내 경쟁이 발생하는지 등의 갈등을 발생시킨다.

3) 작업장 요인

작업의 성격, 기술, 동료 및 다른 사람들과의 관계, 작업관련 안전보건 정도, 우발적 작업특성, 감독의 강도와 스타일 등이 작업장 요인이다.

(1) 작업량과 디자인

작업은 그 자체로서 스트레스를 유발하게 된다. 첫째, 업무다양성이나 자율성 등 작업을 통해 더 도전적인 임무가 부여되었을 때 이를 잘 관리하지 못하게 된다면 긴장과 스트레스를 유발한다. 둘째, 업무다양성과 자율성이 급여, 승진, 인정을 통해 적절히 보상되지 못하면 갈등이 발생할 수 있다.

작업량에서도 말을 잘 듣는 사람은 일을 많이 부여하고 까다로운 사람은 일을 적게 부여하는 상황이면 갈등이 발생할 수 있다. 또한 능력이 있는 사람에 그에 상응하는 충분한 일을 부여하지 않으면 그는 좌절할 수 있다.

(2) 기술

전통적 대량생산 기업이 완전히 새로운 기술을 도입한다면 많은 예전 업무가 필요 없어지고 운영지식이 필요하고 팀중심 작업을 조직하고 직접 감독의 필요성이 줄어들게 한다.

(3) 작업인력구성

(사례) 독일기업이 미국 남부의 기업을 인수하고 관리팀을 미국 시설로 파견하였다. 미국 기업은 인종, 성별, 민족, 국적 등이 다양하지만 독일 관리팀은 단일하여 문화적 차이가 많다. 문화적 차이는 비즈니스와 경영

을 하는데 차이가 생겨 경영스타일, 성과기대, 행동양식 등에서 갈등을 유발한다.

(4) 안전보건 위험

작업과 작업환경에 관련된 안전과 보건 위험은 긴장과 갈등을 재촉한다.

(5) 임시직 근로

중소기업들은 시장변동에 맞추어 운영하게 되는데 제품수요가 높아지면 신규근로자를 채용하기보다 전문직과 기술직을 차용해서 쓰려고 한다. 임시직들은 핵심인력과 같은 일을 하지만 임대인(파견업주)의 근로자이지 임차인이 아니다. 정규직 근로자에 비해 임시직 근로자들이 이해관계, 권리, 권력에 대해 갈등이 발생한다.

(6) 감독

소비자만족을 위해 엄격한 서비스규칙을 시행한다. 근로자 모니터를 실시하고 갑작스러운 감독방문이 발생한다. 엄격한 감독은 업무를 어렵게 하고 감독과 근로자 관계를 악화시킨다.

4) 개인적 요인

작업장에서 갈등의 진단은 불일치를 유발하거나 싸우는 기술이 부적절하여 상황을 못 참게 하는 다른 요소들 뿐 아니라 개인의 성격과 육체적 고통을 설명해야 한다.

(1) 성격

(사례) 한 화학회사가 세계적 수준의 과학자들을 모집하였다. 이 과학자들은 대부분 매우 내향적, 분석적, 비판적, 극도로 의식적이고 변덕스럽다. 과학자들의 고도의 교육과 훈련이 이러한 성격을 강화시켰다. 영입된 신규 과학자들에게 신제품개발에 대한 학제간, 기능간, 팀형태의 접근을 부여하게 되었다. 과학자에 추가하여 팀들은 데이터관리전문가, 엔지니어, 판매, 마케팅조사, 관리요원들을 포함하고 있다. 아무리 잘 의도하고 개념적으로 매력적이라도 팀이 한 단위로서 작동하는데 어려움이 있었다. 성격이 충돌한 것이다. 팀의 노력은 결과 없이 에너지 낭비로부터 끝없이 끌거나 붕괴되는 듯했다. 이 사례는 성격이 비생산적으로 충돌하는 것을 설명하고 있다. 조직은 과학적 재능에만 집중하고 이들의 성격에 주의를 기울이지 않았다. 서로 다른 성격이 어떻게 작동해야 하는지에 대해 주의를 주지 않았다. 이것이 바로 조직 비효율성의 전형적인 사례이다.

(2) 심리적 장애

부부이혼과 자식의 마약복용 같은 어떤 사건이 심리적 장애를 일으켜 성과를 저해하는 결과를 초래한다. 이러한 심리적 장애가 갈등의 토대가 되기도 한다. 정상적인 행동으로부터 이탈한 것을 정확하게 인식해야 한다.

(3) 생리적 조건

기업회장이 극단적 스트레스를 나타내는 경우이다. 월간목표를 채우지 못하는 자금조달자들에게 화를 낸다. 그녀는 극도로 비서들을 요구하고 작은 실수도 못 참고 어떤 개인적 관심사도 허용하지 않는다. 정기검진 결과 그녀는 극단적 고혈압과 두통을 가지고 있고 저혈당에 관절염 통증을 겪고 있다. 그녀의 갈등은 업무가 아니라 건강과 관련한 문제가 작업장에서 어려움을 야기한다. 알코올과 약물중독도 작업장에 어려움을 야기한다.

4. 조직갈등의 비용

갈등은 생산적인 목적으로 사용했던 비생산적인 갈등으로 사용되었던 비용이 발생하였고 조직은 그런 자원에 대해 지불하게 된다. 또한 갈등은 외부효과를 생산한다. 개인, 단위, 조직을 넘어서 확장되는 결과들이다. 근로자가 제기한 분쟁소송에 변호를 담당하는 변호사에게 지불하고 갈등으로 인한 질환의 결과로 의료지원이 필요하면 그 일부 또는 대부분의 비용을 지불해야 한다. 회사는 갈등해결시스템의 비용도 부담해야 한다. 갈등을 관리하기 위한 보험, 보안, 훈련, 기술기반보호 등 추가적 리스크를 지불해야 한다.

표 1.2.1 작업장 갈등의 비용

유형	지표
직접비용	노동 (시간 및 보상)
	간접비
	소송해결
	인력교체
	근로자보상
	보험의료
	보안
간접비용	품질 결함
	생산성 손실
	수입 손실
	보상 프리미엄
	과도한 용량
기회비용	기회 상실

1) 직접비용

　-노동(시간과 보상): 보상에는 임금과 부가급여를 포함하고 있다.

　-간접비(overhead): 생산활동에 간접비 있듯이 파괴적 불일치와 같은 비생산적 활동에도 간접비가 있다.

　-소송해결

　-인력교체: 갈등으로부터 발생하는 자발적, 비자발적 이직은 인력교체를 필요로 한다. 모집과 선발과정이 다시 시작해야 하고 빈 자리는 원하지 않은 재고 같이 기업이 그 운반비용을 흡수해야 한다. 이직한 근로자에 투자한 교육훈련의 매몰비용이 발생하였다.

　-근로자보상: 갈등이 산업재해나 스트레스를 유발하게 되면 근로자 보상을 요구하게 된다. 근로자보상은 의료비와 일 못한 기간 그 사람을 보호할 급료를 포함한다.

　-보험의료

-보안: 갈등관련 문제의 위험 때문에 추가적 보안비용을 부담해야 한다. 부적응 개인이 채용되지 못하게 하는데 필요한 추가심사절차, 추가적 보안인력비용, 추가적 보안기술 및 장비비용, 보험적용범위 확대 비용 등을 포함한다.

2) 간접비용

간접비용은 품질결함, 생산성손실, 수입손실 등으로 발생할 수 있다. 갈등으로 인해 높은 이직률과 성공적 모집의 어려움을 겪는 기업은 보상프리미엄을 제시해야 할 수도 있다. 즉 공석을 매우기 위해 지불해야할 돈보다 더 많이 지불해야 할 것이다. 기업은 비생산적 갈등 때문에 하지 않아도 될 일을 하기 위해 더 많은 사람을 고용하고 초과근무를 할 수도 있다. 갈등의 효과는 가치고리에 작은 영향을 주고 더 많은 비용을 추가하고 순가치를 손상시킬 수 있다.

3) 기회비용

한쪽이 갈등에 직면해 있을 때 적개심이 공유되고 당사자들 이외에 있는 사람들에게 감염시킬 수 있다. 결과적으로 다른 사람들이 거리를 두고 접촉을 피하고 안전을 추구한다. 그래서 그 어떤 비즈니스이든 그 비즈니스를 해야할 기회를 잃게 된다.

제3장 조직갈등의 해결방법과 스킬

1. 조직갈등의 해결방법과 전략

1) 효과적 갈등관리 방법

효과적 갈등관리 방법은 다음의 목표를 세워서 실행하는 것이다.[5]

(1) 갈등격화 예방

소리치고 화내고 분개하여 생각과 판단을 흐리게 할 수 있다. 이러한 행동을 피하도록 하는 것. 토마스 제퍼슨은 화가 났을 때 반응하기 전에 10까지를 셌다고 했다. 정말 화가 났을 때는 반응하기 전에 100까지를 셌다고 한다. 화를 내며 반응하지 말아야 한다. 왜냐하면 그렇게 해야 더욱 화를 내게 하는 상호작용의 고리를 끊을 수 있기 때문이다.

(2) 실제 문제 해결

늦게 회의에 참석하는 부하를 늦지 않도록 약속 받아낸다고 해결되는 것은 아니다. 진짜 문제는 그 부하가 당신을 존경하지 않고 신뢰하지 않기 때문에 발생한 것이다. 이 문제를 다루어지 않으면 미래 갈등을 피할 수 없다.

(3) 상황의 인격화 금지

누가 당신에게 화낼 때 비판을 할 때, 완고하거나 반대할 때, 개인적으로 반응하지 말고 상황과 문제에 대해 생각하라. 툇포탯으로 반응하지 마라. 10개든 100개든 세어라. 공감하면서 생각하라. 그렇다고 자신의 이해관계를 부인하거나 현명하지 못한 합의를 하거나 남용을 참을 필요는 없다.

(4) 해결방안 창조

(사례) 업무 배정에 탈락한 근로자가 불만을 표시하고 있다. 그 사람의 화나 좌절을 이해할 수 있다. 근로자의 인정과 기회인 기본 이해관계를 즉시 공개적으로 다루는 것이 필요하다. 불만을 곪게 하지 말고 무시를 하면 더욱 안 된다. 인정을 주고 기회를 창조하는 가능한 접근방법을 브레인스토밍해야 한다. 문제를 창의적으로 접근함으로써 화를 달래고 근로자를 참여시키고 존경을 얻어낼 수 있다.

(5) 관계 구축

갈등을 관리하면서 관계를 구축할 기회를 놓쳐서는 안 된다. 자신의 신뢰, 성실의 믿음, 현실의 이해를 촉진하는 선의의 노력을 할 수 있다. 건전한 관계의 블록 쌓기와 같은 상호 이해와 존중을 만들어내야 한다.

(6) 작업장 목표 달성

갈등해결은 과정이지 목적이 아니다. 조직의 목표 달성을 위해 갈등을 해결하므로 조직의 목표와 이해관계에 반하는 행동을 해서 갈등을 해결하면 안 된다. 불만자에게 혜택을 주면서 무마하려고 하면 다른 사람들의 불만을 야기하는 더 큰 문제를 만들 수 있다.

2) 조직갈등해결의 전략적 접근방법

갈등을 해결하는 5가지 전략적 옵션을 선택할 수 있다. **그림** 1.3.1에서 보듯이 성과의 중요성과 관계의 중요성에 따라 경쟁전략, 수용전략, 회피전략, 타협전략, 협력전략이 나타난다.

그림 1.3.1 갈등해결 전략모형

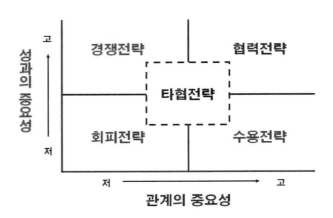

이 중에서 가장 기본이 되는 전략은 경쟁전략과 협력전략이다. 경쟁전략은 협상의 성과가 관계보다 더 중요할 경우 선택하는 전략이다. 성과를

얻지만 관계를 손상할 수 있다는 의미에서 win to lose (승리에서 실패로) 전략이라고도 한다. 경쟁전략의 목표는 단기적 성과를 최대한 많이 차지하려는 것이고 장기적 결과나 관계는 별 관심이 없다.

협력전략은 양 당사자들이 성과와 관계를 모두 똑 같이 중요하게 생각할 때 취하는 전략으로 win-win 전략이라고도 한다. 경쟁전략에서는 목표가 상호 배타적이고 한 쪽이 이기지만 협력전략에서는 양 쪽이 모두 이득을 얻을 수 있도록 목표를 추구하는 방법을 찾게 된다. 양자 간의 관계가 유지되어 왔고 이미 주고받은 역사가 있기도 하여 서로 신뢰하고 함께 일할 수 있다고 믿음이 있는 경우 협력전략을 사용하기 용이하다.

협력전략이 선호될 때가 어떤 때인지를 식별하는 상황을 소개한다.[6)
- 관계가 중요하다.
- 관계가 상호 의존적이다.
- 공동 이해관계가 존재한다.
- 성과가 중요하다.
- 팀을 유지하는 것이 중요하다.
- 팀기반 작업환경 창조가 중요하다.
- 작업 특성이 통합적이다.
- 문화적, 전문적, 직업적 차이가 존재한다.
- 당사자들이 더 나은 성과를 원한다.
- 갈등악화 가능성이 높다.

3) 협력의 9가지 단계

협력을 이루어내기 위해 9가지 단계를 제안하고 있다. 그러나 경직적이지 않고 유연하게 진행할 필요가 있다.[7)

1단계: 한 걸음 물러서라(진단)

2단계: 상황을 마주하라(개회)

3단계: 앉아서 들어라(경청)

4단계: 상황을 파악하라(쟁점, 이해관계)

5단계: 탐구를 권유하라(옵션개발)

6단계: 평가하고 분석하라(평가기준)

7단계: 가능성을 제안하라(해결가능성)

8단계: 성과를 달성하라(합의도출)

9단계: 관계를 구축하라(관계구축)

4) 협력이 실패할 경우

협력은 한번의 시도로 간주하지 않고 과정으로 봐야 한다. 난관이나 곤경에 처해 있을 때 제3자의 도움을 청하는 여러 가지 대안들을 생각할 수 있다.[8]

- 촉진적 개입
- 조정적 개입
- 사실조사 개입
- 평가적 개입
- 자문적 개입
- 강제적 개입

2. 조직갈등의 협상적 해결

갈등해결 방법에는 당사자의 자율성 정도에 따라 여러 가지 방법이 이용될 수 있다. 회피도 하나의 방법이라면 높은 자율적인 방법이고 독단결정 또한 혼자서 결정하므로 자율성이 높은 방법이다. 협상은 당사자들의 교류에 의해 결정하고 있으므로 자율성이 높되 상대방의 반응에 따라 제약이 될 수 있다. 제3자 중립인은 중립적인 제3자에 의해 해결되는 방법으로 조정은 당사자 자율성을 최대한 존중하는 방식이고 중재는 중재인이 중립적 결정하는 방식이라 자율성은 낮은 편이다. 소송은 재판에서 판사의 판결에 의한 방식이므로 자율성이 전혀 없다.

조직갈등에서 당사자들의 직접 협상을 통해 해결하는 방법에 대해 간략히 설명하고자 한다.

1) 조직갈등에서 협상의 의미

협상친화적 조직문화를 창조함으로써 자신과 직원들에게 스스로 일할 기회를 주게 된다. 자신과 직원들이 더욱 협력적이 된다. 근로자들이 힘없고 관리자가 정하고 변화는 소송밖에 없는 조직문화를 자신과 직원들이 스스로의 결정을 하도록 위임하는 조직문화로 효과적으로 바꿀 수 있다. 그래서 이러한 점이 다른 갈등해결방법에 비해 협상이 가지는 장점이다.

2) 조직에서 협상을 하는 세 가지 이유

첫째, 의견불일치를 해결하기 위해 협상한다. 작업장 내에서 발생하는 다양한 의견불일치를 당사자들이 스스로 협상을 통해 해결한다.

둘째, 갈등을 예방하는 합의에 이르기 위해 협상한다. 협상을 통해 임금, 성과, 업무책임 등에 대해 확실하게 해둠으로써 미래의 갈등을 예방할 수 있다.

셋째, 근로자에게 비생산적 행동에 대한 목소리 또는 효과적 대안을 주지 않음으로써 발생하는 심각한 결과를 피하기 위해 협상한다. Exit-Voice Tradeoff(이탈-목소리 대체) 모델에 의하면 근로자가 자신의 목소리를 낼 수 없는 상황이면 직장을 떠나는 대체관계가 있다는 가설이다.9) 그래서 이직률을 낮추기 위해 충분한 의견을 개진하도록 하는 측면에서 협상이 필요하다는 의미이다.

3) 협상의 7가지 핵심요소

Fisher & Ertel은 협상을 진행하는데 필요한 핵심요소로서 7가지를 제안하고 있다.10)

① 당사자들의 이해관계 진단
② 자신의 옵션
③ 합의실패 때 대안들 (BATNA)
④ 의사소통 요소를 고려
⑤ 마음속으로 관계를 협상
⑥ 합법성 표준을 추구함으로써 해결방안의 수용성 증가(시장기반 정보 활용)
⑦ 합의 준수

4) 경쟁적 협상과 협력적 협상

경쟁적 협상과 협력적 협상의 차이점을 5가지 항목으로 구분하여 비교하면 **표 1.3.2**와 같다. 가정에서 경쟁적 협상은 파이가 고정되어 있다고 생각하는데 반해 협력적 협상을 파이가 확대 가능하다고 생각한다. 그리고 경쟁적 협상은 입장을 고수하고 성과를 강조하는데 반해 협력적 협상은 상호 이해충족에 중점을 두고 관계와 성과를 모두 강조하고 있다. 정보 공유에 있어서는 경쟁적 협상이 정보를 전략적으로 선택해서 공유하는데 반해 협력적 협상은 정보를 공개적으로 공유하기를 촉진한다. 협상에서 사용하는 전술들을 보면 경쟁적 협상에서는 단호한, 공격적, 압도적, 경계선을 이용하는데 반해 협력적 협상에서는 탐구적, 듣기, 브레인스토밍을 이용하는 편이다.

표 1.3.2 경쟁적 협상과 협력적 협상의 비교

구분	경쟁적 협상	협력적 협상
가정	파이고정, 윈-루즈	파이확대, 윈-윈
중점	입장 고수	상호 이해 충족
강조	성과	관계와 성과
정보 공유	전략적 선택	공개적 공유
전술	단호한 공격적 압도적 경계선	탐구적 듣기 브레인스토밍

5) 이해기반 협상(Interest-Based Negotiation)

Fisher & Ury(1991)는 윈윈협상의 원조인 "Getting to Yes"라는 책에서 처음으로 다음의 4가지 원칙을 제시하였다.

[이해기반 협상의 4가지 원칙]

-사람을 문제에서 분리하라.

-입장이 아니라 이해에 초점을 맞추라.

-무엇을 할 것인가를 결정하기 전에 다양한 가능성을 창조하라.

-결과를 객관적 기준에 토대하도록 주장하라.

이 4가지 원칙에 기반하여 이해기반 협상을 사례를 통해 진행하는 방법을 소개하겠다. 먼저 이해기반 협상의 상황을 살펴보면 아래 **사례연구 1**에서 보는 바와 같다.

사례연구 1 이해기반 협상의 상항

A공장의 관리자는 향후 3개월 간 인건비를 10% 감축시키라는 상부의 지시를 받고 회사추종자로서 이 지시를 잘 수행하기로 하였다. 그는 이 계획을 발표하고 목표를 달성하기 위해 일선관리자들과의 회의를 소집하였다. 일선관리자들은 일자리를 잃을 가능성이 있기 때문에 저항이 있을 것이라 예상하였다. 그 공장은 벌써 최근 몇 년 간 여러 형태의 감축을 단행해 오고 있다. 공통된 표면 의견은 공장이 가능한 한 슬림하게 운영된다는 점이다. 공장관리자로서 일선관리자들과 협상을 해야 할 상황이다.

앞의 사례 상황에서 공장관리자는 이해기반 협상을 **표 1.3.3과** 같이 준비해서 진행할 수 있다.

표 1.3.3 이해기반협상의 진행 단계

단계	원칙	항목
1단계	쟁점	일선관리자의 급여 인원수 삭감
2단계	공장관리자 이해관계	급여 삭감 생산성 향상 린 운전 지원 기업주문 추적 기업회생
2단계	일선관리자 이해관계	직무완료 근로자사기 유지 직무 유지 생산성 향상 기업 회생 기업주문 추적
3단계	옵션	해고 매수 재배치 재훈련 구조조정
4단계	기준	절약 생산성 측정 근로자 사기 준수

출처: Masters & Albright(2001), p.113.

3. 조직갈등의 제3자 개입 해결

조직갈등을 제3자가 개입하여 해결하는 방법은 소송을 제외하고 대안적 분쟁해결(ADR)로서 개입하는 여러 가지 방법이다. 촉진(facilitation),

사실조사(fact finding), 조정(mediation), 중립평가(neutral evaluation), 자문 중재(advisory arbitration), 강제 중재(binding arbitration) 등 ADR 기법들이 활용될 수 있다. 미국에서는 다양한 형태의 ADR 기법들이 사용되지만 우리나라에서는 주로 조정과 중재가 많이 사용되고 있어서 여기에서는 이에 대한 설명을 한다.

1) 조정

조정을 설명하는 정의는 다양한데 두 가지만 소개한다.

제1정의: 조정은 중립적인 제3자가 분쟁당사자들로 하여금 상호 수용 가능한 해결에 이르도록 도와주는 과정이다.11)

제2정의: 조정은 의사결정권이 없는 중립적이고 공정한 제3자의 분쟁이나 협상에의 개입이다.12)

두 가지 정의가 큰 차이는 없지만 제1정의가 조정과정에서 역할을 강조한데 반해 제2정의는 조정인의 자격을 강조한 점의 차이가 있다. 조정의 기본적 특징은 세 가지로 요약된다.13)

첫째, 당사자들이 합의에 도달하거나 분쟁을 해결하도록 도와주는 중립적, 공정한 제3자를 활용한다.

둘째, 강요하지 않은 자발적인 해결을 추구한다.

셋째, 문제해결(problem-solving)과 지도적 해결(directive resolution)을 강조한다.

조정이 작동하는 기본원리를 4가지로 제시할 수 있다.14) 중립성은 조정인이 제3자로서 공평하거나 중립적이어야 한다는 것이다. 자기결정은 당사자들이 합의 요소들을 자발적으로 결정하는 것으로 조정인이 중간에서 합의도출을 위한 노력을 하지만 어디까지나 합의를 결정하는 것은 당사자들 자신이다. 정보에 기초한 합의는 당사자들의 결정이 적절한 정보 위에 이루어져야 하는 점이다. 당사자들이 의미 있는 선택을 하려면 적절한 정보가 제공되어야 한다. 조정은 사적이고 비공개로 이루어져서 당사자들의 비밀이 유지되고 있다. 의뢰인의 비밀을 유지하지 않는다면 마음속에 있는 사적인 정보를 조정인에게 말하기 어렵고 합의 가능한 옵션을 만들기도 어렵다. 조정과정에서 나온 비밀은 반드시 공개하지 않을 의무를 조정인에게 부과하고 있다.

조정의 대표적인 두 가지 유형은 촉진식 조정과 평가식 조정이다.[15] 촉진식 조정은 조정인이 협력적 협상의 틀을 유지하려고 노력하며 원원의 협상결과를 모색하기 위해 이해관계 식별과 옵션의 개발 및 평가에 의한 합의안 도출을 실행하는 방식이다. 이에 반해 평가식 조정은 조정인이 당사자의 주장을 듣고 평가하여 약점을 부각시키고 양보를 권장하여 합의를 도출하는 방식이다.

2) 중재

중재는 ADR의 한 유형으로서 ADR 중 소송에 가장 가까운 형태이다. 그럼에도 불구하고 엄격한 소송절차와는 달리 당사자 계약에 기초한 특성을 지니고 있어서 소송보다 중재를 선호할 수도 있다. 한편 중재는 협상이나 조정과도 큰 차이를 보이는 제3자 결정이라는 특성을 가지고 있기 때문에 중재를 적용할지를 합의할 때 중재의 적절성을 잘 판단해야 한다.[16]

중재의 진행절차는 **그림 1.3.2**에서 보는 바와 같이 당사자들이 사전에 중재를 하기로 합의할 경우에만 강제 중재가 시작된다는 점에서 재판과는 다르다.

그림 1.3.2 중재의 진행과정

당사자의 중재합의에 따라 이후 사건이 발생하면 중재를 개시하여 중재인이 재정을 결정하고 그 효력이 발생하는 순서로 진행된다. 어떤 경우에는 사전에 중재합의가 없다 해도 사건이 발생한 후 당사자 간에 중재로 사건을 해결하기로 합의한다면 위 **그림 1.3.2**에서 처음 두 개의 박스가 서로 반대가 되는 진행과정으로 변경된다. 그래서 그림과 같이 진행되면 사전분쟁 중재합의 방식이 되고 그 반대의 경우는 사후분쟁 중재합의 방식이 된다.17)

사적중재의 절차는 **그림 1.3.3**과 같이 중재의 개시부터 규칙의 협상, 중재인 선정, 시간과 장소의 선정, 중재의 준비 등 준비단계가 있고 사전 중재 동의, 중재 심리, 중재인 재정의 중재단계가 있다. 중재인 재정은 거의 항소를 할 수 없다. 다만 중재합의가 강제될 수 없거나, 중재합의 후에 진행되지 않을 경우, 부정행위가 개입되었을 경우, 중재인의 권한을 남용했을 경우 등 특별한 경우에만 법원에 항소할 수 있다.

그림 1.3.3 사적중재 절차

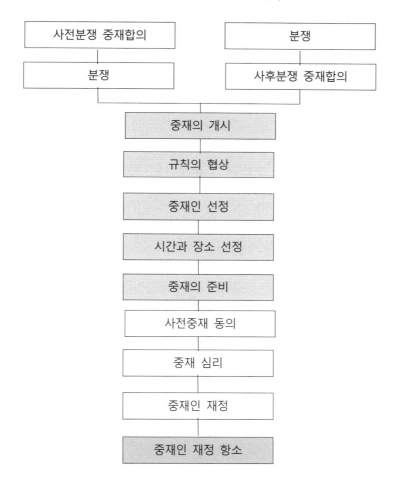

출처: Frey(2003), p.229

제4장 조직갈등해결 사례연구 목적과 방법

1. 사례연구의 배경과 목적

조직갈등이 어떻게 발생하고 진행되어 어떤 결과로 귀착되는지에 대해 이론적, 법적, 제도적으로 설명함으로써 조직갈등의 해결을 어느 정도 이해할 수 있다. 보다 더 구체적이고 실질적으로 현장감 있게 조직갈등을 이해하기 위해서는 실제로 발생한 경험을 추출하고 정리하여 사례로 만드는 작업이 필요하다. 기계적인 조립은 어떤 매뉴얼이 주어지면 쉽게 조립할 수 있지만 인간관계를 다루는 영역은 다양한 변수가 발생하고 일정하지 않아서 실제 현장의 경험에서 많은 것을 배울 수 있다. 사례마다 동일한 스토리가 존재하지 않고 다양하게 변화되는 양상을 보게 되는데 일정한 패턴을 관찰하여 유사한 상황에 적용, 활용할 수 있다면 도움이 될 수 있을 것이다.

이러한 취지에서 조직갈등관리의 사례를 연구하는 목적은 어떤 공동의 목적으로 같은 조직 내에서 활동하는 구성원들 사이에 개별적으로 또는 집단적으로 발생한 갈등이 어떻게 진행되고 해결되고 관리되었는지를 경험적으로 기술하고 분석하는 현장 사례를 독자들에게 제공함으로써 합리적이고 생산적인 조직갈등 관리의 교훈을 얻는 것이다.

2. 사례연구의 방법

조직갈등해결의 사례를 흥미롭게 그리고 유익하게 독자들에게 전달한다는 목표를 정하여 다음의 사항들을 연구방법으로 고려하였다.

　　첫째, 이야기 스토리 형태로 사례를 작성하고자 하였다. 사례의 특성에 따라 스토리 형태를 만들기 어려울 수도 있으나 가능하면 어떤 배경으로 시작하였고 어떤 과정으로 진행되었는지를 서술함으로써 독자들에게 흥미를 유발하고자 하였다.

　　둘째, 사례를 체계적이면서 구조적으로 분석하여 이해하는 데 도움이 되고자 하였다. 스토리만 읽어서 그 속의 특징을 살펴보기 어려울 수도 있기 때문에 협상적 도구를 이용하여 사례 속을 들여다봄으로써 사례를 더 잘 이해하도록 구조화하였다.

　　셋째, 각기 다른 사례를 일정한 형태로 공동의 목차를 구성하여 서술하도록 하였다. 사례들이 서로 달라 공동의 패턴이 없이 서술하면 사례를 비교하는데 어려움이 있기 때문에 사례의 다양성에도 불구하고 가능한 한 동일한 목차에 따라 서술하고자 하였다.

1. 갈등의 배경
2. 갈등의 당사자와 쟁점
3. 갈등해결 및 협상 과정
4. 갈등협상 결과 및 합의
5. 갈등협상의 특징과 교훈

　　넷째, 사례의 공동 목차를 활용하여 수록된 사례의 공통점과 차이점을 비교분석하였다. 사례마다 다양한 특징들이 존재하는데 그 중 비교가 가능한 요소들을 식별하여 공통점이 무엇이고 차이점이 무엇인지를 발굴하여 제시함으로써 사례들의 전반적인 이해에 도움을 주고자 하였다.

다섯째, 사례분석을 통해 갈등해결과 협상에서 도움을 줄 수 있는 교훈을 정리하였다. 넷째에서 언급한 사례의 공통점과 차이점의 비교분석에서 도출하는 교훈을 정리하였을 뿐 아니라 사례마다 말미에 제시한 교훈을 재정리하여 종합적인 사례분석의 시사점을 제공하고자 하였다.

사례분석에서 도출한 교훈과 시사점을 종합 정리함으로써 어떤 보편적인 지식이나 특수한 지식을 발견할 수 있다. 이렇게 비교평가 및 분석으로부터 이론에 부합하든 이론에 부합하지 않든 도출된 지식들은 중요한 현장에서 나온 암묵지로서 학문발전과 현장전문성 개발에 중요한 기여를 할 것으로 사료된다.

제2부 조직갈등해결의 사례

[기업 간 갈등]
사례 1. 지자체 연구용역 수행 갈등해결 사례

[본사 지사 간 갈등]
사례 2. 종합병원 콜센터의 갈등해결 사례
사례 3. 지주와 자회사 간 갈등협상 사례

[직렬 간 갈등]
사례 4. 일직, 당직 근무제도 개편 협상 사례

[부서 간 갈등]
사례 5. 냉장고 제조판매 부서갈등 협상 사례
사례 6. 의료기기구매 부서갈등 협상 사례
사례 7. 생산 반장과 정비 반장 간 갈등해결 사례

[개인 간 갈등]
사례 8. 조직 내 복합적 관계갈등 해결 사례
사례 9. 프로젝트수행 중 개인갈등 해결 사례
사례 10. 인사평가 면담 갈등해결 사례

사례 1. 지자체 연구용역 수행 갈등해결 사례

본 사례는 지자체와 대학교 사업단 간의 연구용역을 진행하는 과정에서 발생한 갈등 상황의 해결 과정을 정리한 글이다. 꼭 연구용역이 아니어도 기관 간 계약을 체결하고 이행하는 과정에서 발생할 수 있는 갈등을 생각해 볼 수 있다.

본 사례에 등장하는 갈등 당사자는 연구용역을 발주한 A 지자체의 주무관 J와 해당 연구용역의 수행기관 G 대학교의 연구책임자 M 교수이다. 갈등이 고조된 상황에서 신입연구원 K가 적극적인 문제 해결자로 등장하게 된다.

1. 갈등의 배경

2000년 A 지자체는 '지역특산품 마스터플랜 수립 연구용역'을 발주했다. 지역의 특성과 여건에 맞는 특산물을 육성하기 위해 지자체마다 자신들의 특산물을 활성화하기 위한 노력이 진행되던 때였다. 용역 기간은 3개월로 5월에 발주하여 8월까지이고, 용역 발주금액은 2,000만 원 이하여서 수의에 의한 계약을 진행하였다. 이 연구용역을 M 교수가 소속된 G 대학교 산학협력단이 수행하기로 하였고, 연구책임자는 M 교수가 맡았다.

계약을 체결하는 날, 사업단에 소속되어 있던 연구원 D, 연구원 L 그리고 연구원 Q와 함께 A 지자체를 방문한 M 교수는 "교수님" 하는 소리에 담당 주무관 P를 바라보니, 학부 시절 자신의 수업을 들었던 학생이었다. 서로 인사를 하고 안부를 물었다. 과업에 대한 설명이 진행되는데, 연구원 L이 보기에 해당 과업지시서에 작성된 수행 해야 할 과업 내용이 너무 많았다.

"과업지시서에 너무 많은 과업이 들어가 있는데, 이 부분에 대해서 검토를 해볼 필요가 있을 것 같아요." 연구원 L은 말했다.

"교수님, 과업지시서 내용은 참고만 하시고, 필요한 사항은 제가 말씀을 드릴 테니, 그렇게 과업을 진행해 주시면 됩니다. 부담은 갖지 않으셔도 됩니다. 저도 해당 업무를 맡은 지 얼마 안 되었고, 지자체마다 해당 지역의 특산물 마스터플랜을 수립하고 있어서 타 지자체에 요구해서 받은 것들을 넣어 놓았습니다. 그런데 작성된 내용을 다 하지 않으셔도 됩니다." M 교수를 바라보면서 P 주무관이 말했다.

"그럼 다행이고, 솔직히 금액 대비 과업이 너무 많다는 생각이 들어서…. 그럼 잘 부탁해요. 필요한 수행 과업에 대해서 연락을 주면 그대로 할 수 있도록 할게요."

"네. 알겠습니다. 자주 뵙겠습니다. 교수님."

그렇게 헤어지고 나서, M 교수와 연구진들은 또 다른 사업을 위한 사업단 공간 확보, 비품 구매 및 사무실 정리로 바쁜 나날을 보냈다. 사업단 참여 인력은 연구책임자인 M 교수와 연구원 D, 연구원 L 그리고 행정업무를 주로 담당하는 연구원 Q를 포함해서 4인이 있었다. 8월 중순에 연구원 L은 다른 일을 찾아 이직했다. 아무래도 현재 사업단은 계약직이라 안정적이지 못하다는 이유였다. 시간이 흐르는 동안 M 교수는 해당 용역을 까맣게 잊고 있었다. 9월 초 이미 퇴사한 연구원 L 자리를 채울 새로운 연구원 모집공고를 냈다. 9월 중순 3명의 지원자 중 연구원 K를 선발했다.

이미 연구원 L은 이직하고 나서 신입연구원 K가 입사를 했기 때문에 인수인계가 제대로 이루어지지 않은 채, 신입연구원 K는 업무를 파악하기 위해 캐비닛의 서류를 확인하던 중 기간이 경과 한 연구용역이 착수도 하지 않은 채 그대로 보관되어있는 것을 발견했다. 이에 연구원들이 모여서 이 문제를 어떻게 해결할 것인지를 논의를 했지만, 별다른 뾰족한 수가 없었다. 이미 연구용역은 종료 기간을 보름 정도 경과 한 후였다.

M 교수는 담당 주무관 P에게 전화를 했다. 하지만 전화가 연결되지 않았다. 사무실로 전화를 하니, P는 일을 그만둔 지 두 달 정도 되었다고 한다.

'사전에 연락도 없이 그만두면 어떻게 하라고' 막막했지만, 그렇다고 그만둔 사람을 원망만 하고 있을 수도 없었다.

M 교수는 연구원 D와 함께 A 지자체를 방문했다. 새로운 담당자와 만나서 인사를 하고, 연구용역이 진행되지 못한 채 기간이 경과 했다는 것을 이야기했다. A 지자체도 P가 중간이 사직하는 바람에 J 주무관이 새로 업무를 맡게 되었다. J도 해당 부서로 온 지 이제 2주 정도밖에 되지 않아 아직 업무 파악도 제대로 되어 있지 않은 상태였다.

"제가 해당 용역에 대해 오늘 처음 듣는 것이어서, 확인해 보고 다음 주에 연락을 드리겠습니다."

결국 담당 주무관과 첫 대면은 이렇게 끝났다. 지자체를 방문하여 용역에 대한 해결방안을 논의하려 했지만, 그 사이 P는 그만두어 버렸고, J는 새로 부임해 온 것이다.

다음 주에 다시 A 지자체를 방문했다. 이번에는 M 교수와 D, K가 함께 갔다.

새로운 주무관 J는 해당 사항을 팀장과 과장에게 보고한 상태였고, 사안이 중대하다고 판단한 T 과장, S 팀장까지 동석했다. T 과장은 과업지시서와 용역 계약서를 검토했다며, 과업지시서에 따른 용역 결과물을 언제 제출할지 물어왔다. M 교수는 P가 계약 날 이야기 했던, '과업지시서는 부담가지지 말고, 요구하는 사항에 대해서만 해주면 된다'라고 이야기했다. 연구용역 발주 당시 과업지시서는 참고하는 정도로 하고, 실제 보고서는 필요한 내용만 간단하게 제출하기로 서로 이야기를 하고 용역을 시작했다고 말했다. 하지만, T 과장은 책상 위에 놓여있는 과업지시서와 계약서를 가리켰다.

"과업지시서와 계약서가 있습니다. 이것이 무엇을 말하는지 모르십니까? 이 과업지시서대로 하겠다는 것을 계약한 것입니다."

"계약을 체결할 당시, 과업지시서가 너무 많은 것을 이야기했더니, 과업지시서는 참고하는 선에서 하고, P가 요구하는 것을 수행해주면 된다고 했다." M 교수와 연구원 D가 주장했다.

"P는 적응이 안 된다고 그만두었습니다. 그만둔 사람을 데려다가 이랬니 저랬니 할 수는 없지 않습니까! 지금 우리가 확인해야 할 것은 계약서입니다. 이 계약서 교수님께서 직접 도장을 찍으시고 접수하신 것 맞으시죠?"

"네. 계약서는 제가 직접 서명했습니다. 그런데, 그 당시 P가 우리에게 그렇게 이야기를 했습니다." 가슴을 치며, 아무리 말을 해도 T 과장, S 팀장은 꿈쩍도 하지 않았다. J만 안절부절못하고 있다.

T 과장과 S 팀장은 과업지시서에 따른 연구용역의 결과물을 요구하고 있다. J는 아직도 황당한 상황에 어떻게 해야 할지 난감해하고 있다. 상사

인 T 과장과 S 팀장이 계약서에 따른 이행을 요구하고 있었다.

2. 갈등의 당사자와 쟁점

1) 갈등의 당사자

이 사례에 등장하는 가장 핵심적인 당사자는 M 교수와 J 주무관이다. 그리고 주변 간접당사자로 T 과장, S 팀장, 연구원 D, 연구원 Q 그리고 신입연구원 K가 등장한다.

그림 2.1.1 갈등 당사자

우선 A 지자체의 J 주무관의 입장은 참 난처하다. 이제 부임해 온 지 2~3주밖에 안 되었는데, 벌써 지자체를 떠들썩하게 할 만한 사건이 벌어진 것이다. '물론, 이건 분명히 내 잘못은 아니다.'라고 생각하면서도 머리 아플 일을 생각하면 귀찮은 일임이 틀림없다. J도 이제 공무원을 시작한

지 2년 정도밖에 되지 않는다. 여느 젊은 세대와 마찬가지로 공무원이 가장 안정적이고 편해서 공무원을 선택했는데, 이런 골치 아픈 일이 발생하다니…. '전에 있던 부서는 편했는데, 지자체에서 이 부서가 지역산업의 핵심부서라고 하던데, 핵심부서는 개뿔….' J는 다양한 생각이 들었다.

J는 빠르게 머리를 굴렸다. 이 사건에서 자신이 어떻게 해야 할까?, 자신에게 안 좋을 것은 무엇일까? J는 세 가지 측면에서 바라봤다. 첫 번째, 이번 연구용역은 자신이 발주했던 사업이 아니다. 다른 담당자가 용역발주를 해놓고, 그만두는 바람에 떠맡게 된 것이다. 그런데 지금의 담당자는 자신이다. 이 연구용역이 제대로 이행되지 않으면 혹시 모를 인사상의 불이익을 본인이 떠안아야 한다.

두 번째, 그렇다면 불이익을 떠안는 것을 최소화하기 위해서는 상급자에게 항상 보고하고, 상급자가 결정할 수 있도록 하는 것이다. 그리고 상급자의 결정을 전달하는 것이 내가 가장 안전한 방법이다. 그래서 일이 진행되는 과정을 자세히 수시로 보고 하기로 마음먹었다. 원래 이 과업의 발주는 자신과 별개였는데, 현재 자신이 인사발령을 받았으니, 맡아서 열심히 하고 있다는 모양새를 취하는 것이다. 그렇게 함으로써 본인의 인사상 불이익을 차단하고, 만약에 일이 잘 해결되면 그 공을 함께 할 수 있다.

세 번째, 용역수행기관 연구원들을 믿을 수가 없다. 용역계약이 체결되면 과업 기간 내에 찾아와서 담당자와 지속적인 논의를 하고, 중간에 결과 보고도 진행했어야 하는데, 아무런 행동도 없다가 용역 기간이 지나서야 찾아와서는 '처음 용역을 발주한 담당자는 과업지시서를 참고하는 선에서 용역을 수행해도 된다고 했다'라고 이야기하고 있다. 이렇게 말하는 연구책임자와 연구원을 어떻게 믿을 수 있겠는가? 이미 과업을 발주했던 담당자는 공무원이 적성에 안 맞는다고 그만둔 후였다.

사업단 M 교수도 억울하다. 첫 번째는 처음 연구용역을 발주했던 P가 왜 그만두어서는 이렇게 일을 꼬이게 하는 것인지? 분명히 계약 당시 P는 과업지시서는 참고하는 선에서 하고, 실제 용역보고서는 자신이 요구하는 사항에 대해서 작성 제출하면 된다고 했다. 그런데 담당자가 변경되었다고 과업지시서에 작성된 내용을 모두 작성하라고 하고 있다. 분명히 과장도 팀장도 처음 계약 당시의 내용을 P에게 들었을 텐데, 완전히 무시하니 정말 속상하다. 처음 과업지시서는 참고 정도였기에 구체적인 내용 확인을 등한시했었다. 그런데 살펴보니, 연구용역 금액으로는 어림도 없는 과업을 포함하고 있었다. 그 당시 L이 이야기했던 것이 떠올랐다. 좀 더 과업지시서를 검토하고 해당 내용을 미리 정정했어야 했다. L은 이걸 예견하고서 그만둔 것인가라는 생각도 든다. 하지만 이미 지나버린 과거다.

두 번째, 연구책임자가 연구용역을 수주해왔으면, 나머지 연구 일정에 따른 추진 결과물 도출은 연구원들이 점검하고 진행해야 하는데, 기간이 지나도록 아무도 신경을 쓰지 않았다는 것에 화가 났다. 저 연구원들을 왜 데리고 있는지 참, 나 자신이 한심하다는 생각뿐이다. '괜히 용역을 수주했나!' 하는 생각까지 들었고, 지금이라도 그만두고 싶은 심정이었다. 별의별 생각을 해봐도 딱히 떠오르는 방법은 없다.

T 과장은 이제 정년이 얼마 남지 않았다. 그래도 우리 지자체에서 핵심부서라서 마지막을 멋지게 장식하고 정년을 맞이하고 싶다. 자치행정과에서 이번 7월 인사이동으로 이 부서에 부임했다. 우리 지자체의 핵심 특산물을 어떻게 활성화할 것인가는 중요한 문제다. 특히나 군수님과 부군수님도 해당 과업에 관심을 기울이고 있다. 군수님은 공약사업이기도 하다. 부군수님도 고향인 이곳에서 정년을 맞이하실 것이다. 그래서 유종

의 미를 거두고 싶어 하실 것이다. 그래야 정년 이후 정치에 입문하던지, 또 다른 출연기관에 기관장으로 갈 수도 있다. 나도 마찬가지다. 도출연 기관은 아니어도 지자체 출연기관 등에서 한 자리 맡으려면 탈 없이 정년을 마무리해야 한다. 지자체장과는 나쁜 사이는 아니기 때문에 가능성은 있다.

S 팀장은 작년에 이 부서에 왔다. 지난 5월 이 연구용역이 발주될 당시 기안에 결재했었다. 또한 과업 지시서에 많은 것을 담으라고 한 것에는 본인의 의견도 있었다. 열악한 지자체에서 전문가들을 활용해 많은 것을 이루려는 것은 당연하다. 그런데 결과는커녕 기간이 지나간 상황에서 빈손으로 와서는 계약 당시만 이야기하는 수행기관이 참 야속하기만 하다. T 과장과 담당 주무관 J도 이제 부임한 지 얼마 되지 않은 상태여서 결국 부서 내용은 S 팀장이 가장 잘 알고 있다.

사업단의 연구원 D는 외국 유학을 마치고 온 나름 유학파다. 교수가 되기 위해 많은 기간을 들여 공부도 했고, 논문도 쓰고, 강의도 오랜 시간 해오고 있다. 이번 사업단에 들어온 것은 강의만 해 와서, 실무적인 경험이 부족해서 현장 경험을 쌓고자 들어왔다. 들어와서 보니, M 교수가 D와 나이가 갑이다. 이번 일이 있기 전에는 편하게 서로 지냈는데, 이번 용역에 대해 아무도 생각을 못하고 있다가 기간이 지나버린 것을 알고 M 교수가 자신을 대하는 게 달라졌다는 것을 느끼고 있다. 진작에 챙기지 못한 자신의 책임도 있다. 솔직히 걱정도 된다. 어떻게 해야 할지 막막하기도 하다. 연구용역을 수행해 본 경험이 없다. 사업단을 그만두어야 하나 걱정이 된다.

연구원 Q는 다양한 경험을 해보고 싶어서 들어왔다. 처음에는 사업단이라든지, 연구소라든지 잘 몰랐었는데, 하면서 많은 것을 배우게 되었다. 맡은 업무는 행정적인 처리와 예산 업무를 담당하고 있다. 처음에는 너무 어려웠지만, 항상 모르면 산학협력단에 가서 계속 물어보고, 해보고 하다 보니, 웬만한 내용은 산학협력단의 직원보다 더 잘 알게 되었다. 그런데, Q는 행정 담당이다 보니, 연구용역과 관련해서는 부족하다. 그래서 어떻게 해야 할지 의견을 내기가 조심스럽다. 그래도 어떤 일이든 피하지는 않는다. 내가 할 수 있는 일은 적극적으로 나서서 수행하려고 한다.

신입연구원 K는 모집공고가 나왔을 때, 전화로 "이미 내정자가 있다면 면접 보러 오지는 않겠다."라며, 내정자가 있는가 하고 물어볼 정도로 적극적이다. 이미 연구용역을 다수 수행한 경험도 있고, 특히 지역산업을 수행한 경험도 있다. 마케팅, 기업지원 업무도 수행해본 경험이 있어서 사업단 공고가 나왔을 때, 별로 어려운 일은 아니라고 생각하고 지원하게 되었다. 내 앞에 연구원 L이 있었다는데, 난 얼굴을 본 적은 없다. 내가 오기 전에 퇴직해 버려서 인수인계랄 것도 없었다. 그래서 캐비닛을 사용하기 위해 정리를 하던 중 용역 과업지시서와 계약서를 보게 되었다.

과업지시서를 작성된 내용을 보고 놀랐고, 계약금액을 보고 또 놀랐다. 어떻게 이렇게 많은 내용을 과업지시서에 담을 수 있는지? 그리고 이 많은 과업을 1,980만 원이라는 금액에 계약을 할 수 있는지 놀랐다.

M 교수를 따라 지자체에 방문하면서, M 교수와 D 연구원이 계약 당시의 설명을 하면서 "그 당시에 과업지시서는 참고용이었다."고 주장하는 것을 보고 솔직히 놀랐다. 계약서에 도장을 찍기 전에 해야 했을 말을 이미 계약이 끝나고 나서 한다는 게 무슨 의미가 있을까 하는 생각도 들었

다.

　결국 A 지자체와 사업단 사이의 갈등의 당사자는 T 과장을 위시한 S
팀장 그리고 J 주무관과 M 교수 사이에서 시작했지만, 과업 기간이 경과
한 내용은 부군수에게까지 보고가 된 사항으로 A 지자체 전체가 당사자
이다. 마찬가지로 지금 당장 사업단 자체에서 해당 문제를 해결하지 않으
면 산학협력단이 결국 문제의 당사자가 되어 A 지자체와 G 대학교 간의
갈등으로 확대될 수 있는 상황이었다.

그림 2.1.2 갈등 당사자 지도

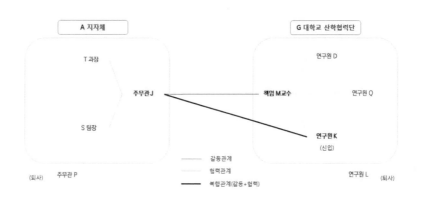

2) 갈등의 쟁점

　연구용역 문제를 해결하기 위해 M 교수는 연구원들과 다시 지자체를
방문하여 J를 만났다. J는 지난번 면담에서 과장과 팀장이 했던 말을 반복

하고 있었다. 이미 연구용역 수행기간이 지났으므로, 최대한 빨리 연구용역 수행 결과물을 가져오기를 원했다. 지자체에서는 과업지시서에 따른 용역수행 결과물을 제출하지 않으면 G 대학교 산학협력단에 용역계약 미이행에 대한 계약불이행 및 계약 파기와 그로 인한 손해배상 청구 요청 공문을 발송하겠다고 으름장을 놓았다. 추석이 얼마 남지 않은 9월 막바지인데, 10월까지 용역결과 보고서를 가져오라고 하고 있다.

M 교수가 아무리 계약 당시의 상황을 설명하고, 사정을 좀 봐주기를 요청했지만 담당자는 원칙대로 과업지시서에 따른 이행을 요구하였다. 결국 서로 대치하게 되는 상황에 놓였다. 사업단이 지자체가 원하는 연구수행 결과물을 제공하면 갈등으로 비화할 만한 요소는 없다. 그러나 이미 연구용역 마감 시한이 지난 상황에서 M 교수는 변명조차 할 수 없는 상황이었다. 혹시나 연구용역 미이행에 따른 문제가 학교에 소문이라도 나서 교수로서의 이미지가 추락할까 걱정이다. 지자체 개발사업 관련분야에서 다양한 사업을 진행하고 있어서 나름 인지도를 쌓아 왔는데, 이번 일로 혹시나 소문이라도 날까 걱정이다.

지자체가 원하는 연구수행 결과물을 지금부터라도 만들 것인가? 연구과업을 포기할 것인가? 과업을 간편하게 마무리할 수 있기를 바라고 있지만, J 주무관은 절대 양보하지 않을 기세다. 그렇다고 연구용역은 포기할 수도 없다. 지자체와의 계약에서 연구용역 수행자가 제대로 이행하지 않을 경우, 위약금 배상도 문제지만, G 대학은 향후 5년 정도는 A 지자체와는 어떠한 연구용역을 진행할 수 없는 암묵적인 관행이 있었기 때문이다.

M 교수는 어떻게든 과업을 수월하게 마무리하는 것이 중요하다. 이미 연구용역 기간이 지난 것을 자세하게 작성하기에는 시간이 많이 소요되는데, 지자체에서 10월 안에 결과물을 가져오라고 하고 있다.

신입연구원 K는 용역 기간이 지났어도 용역은 완수해야 한다고 주장했다. 그래서 M 교수는 신규 연구원 K에게 전권을 주고 해결을 부탁하였다. 실제 연구원 중에 연구용역을 수행해 본 경험을 가진 사람은 K밖에 없었다. 결국 다른 연구원도 어떻게든 지금부터라도 해당 과업을 해결해야 한다는 것에 동의하였다. 그럼 어떻게 해결할 것인가라는 방법론을 찾아야 한다. 문제는 10월 말까지라는 기간이었다. 아무리 빨리 작성을 한다고 해도 10월 말까지는 무리다. 최소 2개월 정도의 기간이 필요하다. 현재 연구참여인력도 부족하다. 연구원 D와 Q는 연구용역 수행경험이 없다. 그래서 해당 연구용역에 참여할 인력을 1명 더 투입하기로 하였다. 연구원 K는 기간을 연장하기 위해서 주무관 J를 만나러 갔다.

갈등 사례를 다음과 같이 항목별로 구분해서 표로 요약해 볼 수 있다. 갈등의 쟁점, 갈등 당사자들의 입장과 이해관계, 목표 그리고 BATNA로 구분할 수 있다.

표 2.1.1 갈등협상 과정 정리

구분	M 교수	지자체 주무관 J	K 연구원
쟁점	- 과업지시서에 따른 용역 결과보고서를 10월 말까지 제출		
입장	- 과업지시서 과업 내용이 과다함	- 계약사항 준수 요청	- 계약사항 준수
이해관계	- 과업 양을 줄여서 과업 해결 - 이미지 추락 걱정	- 업무 담당자로 인사상 불이익걱정	- 과업 기간 촉박 - 과업 기간 연장 필요
목표	- K가 연구용역 완료	- 용역 결과물을 10월까지 수령	- 용역 결과물을 11월 말까지 제출
BATNA	- 연구용역 계약 파기	- 연구용역 계약 철회, 손해배상 공문 - 연구용역 재입찰	- 부실한 결과보고서

3. 갈등해결 협상 과정

K는 연구용역을 수행하겠다고 생각하고 있다. 다만, 기간이 문제였다. 과업지시서에 작성된 내용을 다루려면 상당한 시간이 필요하다. 특히 과업내용에 설문조사가 포함되어 있다. 설문조사하고 분석하는 데만 한 달 가까운 시간이 소요된다. 그래서 J 주무관을 만나 시간을 좀 더 유연하게 해 달라고 요청하려 한다. 또 한 가지 공문은 절대 발송하지 말아 달라고 부탁해야 한다.

K가 지자체를 방문해서 J를 만났더니, J는 기존에 말했던 것처럼 과업지시서에 따른 용역계약을 이행해 결과물을 가져오라고 하였다. K는 생각했다. '기존에 M 교수나 다른 연구원이 접근했던 방식으로 J에게 어필한다는 것은 서로를 피곤하게 할 뿐이다.'

그래서 K는 "현재 상황이 이렇게 된 것은 전적으로 사업단의 잘못이다."라고 말하였다. 용역과제에 대해 미리 확인하지 않은 점, 기간이 경과했음에도 결과물을 제출하지 못한 점은 사업단의 잘못이다. 이미 기간이 지났지만, 연구용역을 어떻게든 완료하겠다는 것을 이야기함으로써 담당자를 안심시켰다. 그랬더니, M 교수와 다른 연구원에게 핏대를 세웠던 J도 차분해지면서 어떻게 처리하실 계획인지, 언제까지 결과물을 줄 수 있는지 물어왔다.

K는 용역 추진과정에 있어서 사업단의 잘못한 부분을 다시 한번 인정했다. 그리고 A 지자체가 원하는 것을 생각해보라고 말했다. 종합계획을 제대로 수립해서 활용하길 원하는지, 그냥 용역보고서 결과만을 원하는지 물었다. J 주무관은 활용할 수 있는 결과물을 원한다고 했다.

"그럼, 시간을 좀 더 달라. 과업지시서를 살펴봤을 것이니 알 것이다.

설문조사 항목도 있다. 설문조사하고 이를 분석하는 데만 한 달이라는 시간이 필요하다. 그리고 다른 내용들도 정리하고 하려면 최소한 2달은 필요하다. 이제 추석이니, 2개월 정도의 시간 여유를 주면, 원하는 보고서를 제공하겠다."

J는 최대한 빨리 결과물을 넘겨주길 원했다.

"물론 사업단에서도 가능한 빠른 기간 내에 완성해서 제출해주고 싶은 마음인데, 결국 쓸만한 보고서를 받는 게 중요한 것 아닌가?"라고 설득했다.

결국 기간은 두 달 정도를 더 주는 것으로 합의하였다. 물론 지체보상금은 계약대로 감액되는 것으로 하였다. 이미 상당 금액이 감액되었을 텐데, 앞으로 두 달간 더 감액되어야 하니, '안 그래도 적은 금액 실질적으로 남는 것도 없겠다.'는 생각도 들었다. 그래도 용역 대금이 문제가 아니었다. 대금은 못 받아도 용역은 완료하도록 하겠다고 안심을 시켰다. 다만, 학교에 용역 불이행과 계약 파기에 대한 공문은 발송하지 말아 달라고 부탁하였다. J도 '용역계약 이행 요청'이라는 수준에서 공문을 발송하는 것으로 서로 합의하였다.

그림 2.1.3 주무관 J와 연구원 K의 관계

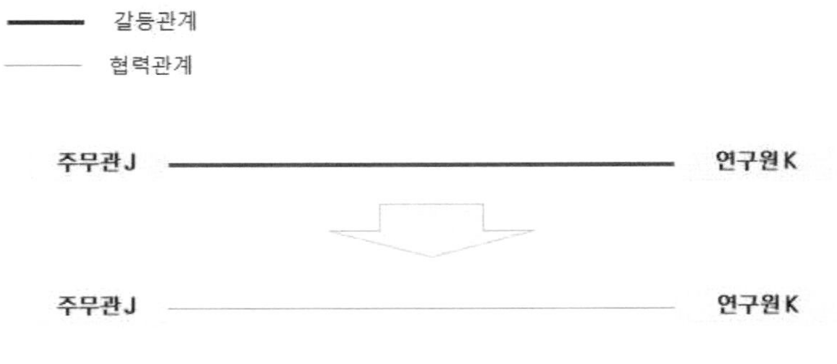

58   제2부 조직갈등해결의 사례

연구진들이 모여 A 지자체와의 연구용역을 수행하기 위해서 할 수 있는 것은 무엇인지, 어떻게 수행할 것인지에 대한 회의를 진행하였다. 빨리할 수 있는 일과 시간이 걸릴 일을 구분하고, 대학 학생들을 설문조사 아르바이트로 활용하였다. 그리고 보고서 작업하는데 필요한 인력을 임시인력을 채용하여 활용하기로 하였다. 임시인력은 K가 과거 프로젝트를 하면서 함께 한 사람 중에 도와줄 수 있는 여력이 되는 사람을 섭외하기로 하였다. 비용은 연구용역 대금에서 남는 금액으로 지급하기로 하였다.

또한 지자체와의 만남에서 과거 계약 당시의 상황을 언급하는 것은 피하도록 하였다. 이미 지난 일이고 지금 담당자와는 아무 상관도 없는 일을 계속 이야기 함으로써 담당자를 난처하게 할 필요는 없었다. 대신, 우리가 마무리해야 하는 결과물 완성에 집중하기로 하였다.

J를 면담한 자리에서 K는 이번 용역을 진행하는 과정에서 A 지자체와 J 주무관에게 심려를 끼쳐 미안하다는 것을 강조했다.

원래 과업의 수행 기간은 5월부터 8월까지였지만, 11월까지 최대한 과업을 수행하여 결과물을 제공하기로 하였다. 11월 29일을 최종보고회로 잡았다.

4. 갈등협상 결과 및 합의

연구용역 결과 발표회를 11월 29일에 진행하고, 중간중간 J와 논의를 거쳐 최종보고회를 했다. 여기서 수렴된 의견을 반영하여 수정하고 12월 26일에 최종납품하였다. 이로써 A 지자체와의 연구용역과 관련한 상황은 정리가 되었다.

이번 연구용역과 관련한 갈등은 J와 K의 노력으로 잘 해결되었다. J는 과업지시서에 따른 연구 결과물을 제출해주길 원하였다. 연구용역 결과물만 완성되어 제출해준다면 자신은 더 이상의 갈등 상황으로 번지는 것을 원치 않았다. 이는 A 지자체의 입장도 마찬가지이다. 연구용역 발주와 그로 인해 문제가 생기는 것을 원치 않았다.

K는 계약된 과업지시서에 따른 연구용역 결과물을 제출하는 것은 당연하지만, 연구책임자인 M 교수에게 불이익이 갈 수 있는 공문이 학교로 발송되지 않기를 바라고 있다. 이는 M 교수도 마찬가지 입장이다. 연구용역이야 늦게라도 어떻게든 제출할 수 있지만, 학교에 공문이 오고 혹시나 소문이 난다면 이미지에도 좋지 않기 때문에 공문이 오는 것은 원치 않는다. 그리고 연구원들이 빨리 용역을 완료해서 제출해주길 바랄 뿐이다. 연구용역 대금이야 어떻게 되든 크게 신경이 쓰이지는 않는다.

다행히 K의 과업지시서에 따른 용역보고서 제출과 J는 공문 문구를 순화해서 발송하는 선에서 양측은 합의하였다. 그리고 12월에 결과보고서를 납품하였다.

연구비는 납품 기간 경과로 인하여 지체보상금을 제외하고 수령 하였다. 이미 상당 기간 경과로 인하여 실제 수령금액은 기존 연구용역 계약의 절반 정도밖에 되지 않았다.

지자체도 연구용역 납품에 따라 수행 결과물 미완성에 대한 공문을 학교에 보내지 않음으로써 학교에 이 사실이 알려지지 않고 마무리가 될 수 있었다.

당시 K는 J와 협상을 하면서 요구한 내용은 과업기간의 연장에 초점을 맞췄다. 과업지시서에 따른 계약을 했기 때문에 과업내용이나 범위를 축소할 수는 없다고 생각했다. 그래서 J를 상대로 과업 수행기간 연장에 초점을 맞추고 진행했다. 물론 기간이 길어지면 지체보상금 부담으로 인해 연구용역 대금을 수령하는데 문제가 될 수도 있다. 하지만, 지금은 연구용역 대금이 문제가 아니다. 연구용역 대금을 못 받더라도 과업은 제대로 마무리가 되는 것이 중요하다고 판단했다.

반면, J는 연구용역 결과보고서가 빨리 접수되는 것도 중요하지만, 정말 업무수행이 도움이 될 만한 결과보고서가 완성되어 들어오길 바라고 있다. 이미 과업기간이 지나버렸기 때문에 과업기간 조금 더 연장한다고 해서 큰 문제가 되지는 않을 것 같다. 오히려 과업기간도 지났는데, 제대로 된 보고서가 작성되어 오지 않으면 추후 지자체 내에서 논란이 될 수도 있겠다는 생각이다. 차라리 기간을 좀 더 주고 더 나은 보고서를 받는 것으로 진행했다. 또한 과업기간이 길어진다고 해서 지자체에서 추가 비용을 부담하지도 않는다. 오히려 수행기관은 기간이 길어질수록 지체보상금을 부담해야 하기 때문에 연구원 본인들에게 불리하다고 판단했다.

그래서 K와 J는 다음과 같이 합의했다. 물론 합의는 정식 문서에 의하지는 않고, 구두 합의로 진행했다.

사업단은 과업기간을 2개월 연장하는 대신 과업지시서에 따른 결과물을 A 지자체에 11월 말까지 제출한다. 이에 따른 지체보상금의 부담은 연구용역 대금에서 감액하고 지급한다. A 지자체에서는 과업에 필요한 정보를 사업단에 제공한다. 추가적인 비용부담은 부담하지 않는다.

5. 갈등협상의 구조분석 및 교훈

1) 갈등협상의 구조분석

사례의 갈등을 살펴보면 다음과 같은 특징이 있다. 첫째, 갈등의 쟁점은 G 대학교의 M 교수가 A 지자체의 연구용역을 수주하였는데, 용역 기간이 지났는데도 용역을 마무리하지 못한 것이다. 지자체의 담당 주무관도 변경되면서, 이로 인한 지자체 주무관 J와 연구용역 책임자 M 교수가 갈등의 당사자이다. 그리고 중간에 채용된 연구원 K는 J와 논의를 진행하면서 언쟁도 더러 있었지만, 협력적으로 해결하려 하였다. 이외에 갈등과 관련된 간접당사자는 A 지자체의 T 과장, S 팀장 그리고 연구원 D와 Q가 있다.

둘째, 갈등 원인을 살펴보면, 만약에 M 교수가 미리 해당 용역에 대한 진행 상황을 검토했더라면, 용역 기간이 지나지도 않았을 것이다. 미리 검토하지 못해 용역 기간이 지났을 때 바로 담당 주무관과 소통을 진행하고, 해결방안을 마련하려고 했더라면 감정적인 소모전까지는 가지 않았을 수 있다. 또한 미리 챙기지 못한 부분에 대해서는 사과를 먼저 했다면 좀 더 유연한 관계를 유지할 수도 있었을 것이다.

마찬가지로 담당 주무관인 J는 해당 용역을 인수·인계받았을 당시 미리 전 주무관에게 해당 내용에 대해서 파악을 했더라면, 서로 상호 간에 대화가 좀 더 부드럽게 진행되었을 수 있다. 하지만 애석하게도 J도 역시 인수인계를 제대로 받지 못했다.

셋째, 갈등 당사자들의 목표와 입장을 검토해 볼 수 있다. 우선 J 주무관은 기간이 지난 연구용역을 최대한 빨리 마무리해서 결과보고서를 수령하는 것이다. 또한 연구용역으로 인한 인사상의 피해를 받지 않는 것이다. M 교수는 과업지시서는 참고용이고, 실제는 간략하게 작성해서 제출하는 것으로 용역계약을 체결했는데, 과업지시서를 준수해달라고 하니 속이 타들어 간다. 또한 용역을 연구원들이 챙겨서 결과보고서를 제출했어야 했는데, 누구 하나 기간이 지나도록 신경쓰고 있지 않았다니 어안이 벙벙하다. 이로 인한 자신의 이미지 추락이 걱정되기도 한다. 신입연구원 K는 연구용역 계약사항을 확인하고 어떻게든 이를 해결하려 한다.

넷째, 해당 사례 당사자들의 이해관계를 생각해 볼 수 있다. J는 인사발령 받아서 배치되었는데, 자신이 발주하지도 않은 연구용역으로 인해 혹시나 인사상의 불이익이 있을까 걱정이다. 그래서 최대한 팀장과 과장에서 진행상황에 대해 지속적으로 보고하고, 상사의 의사결정을 따르려고 한다. 물론 J의 입장에서 학교에 연구용역 수행 불가에 따른 계약 해지 공문을 발송하고, 다시 용역 재입찰을 진행할 수 있다. 하지만, 그렇게 되면 새로 용역 발주서 작성, 용역계약 체결, 용역수행 기간 등을 계산해 봤을 때 올해 안에 마무리되기는 어렵다. M 교수는 연구용역 수행 포기하는 것을 고민해 볼 수 있다. 아니면, 안면이 있는 A 지자체장과 면담을 신청해 전후 사정을 설명하고 과업 수행 기간을 연장을 부탁드리는 것을 생각해봤다. 그렇지만, 자신의 불찰로 인한 일인데, 찾아가서 부탁드리기가 자존심상 허락하지 않았다. 이 연구용역을 제대로 이행하지 않으면 결국 A 지자체는 대학교에 연구 수행자의 잘못에 의한 과업 수행 해지를 요청할 것이다. 지자체장과의 면담을 통한 과업 수행기간 연장을 사정거나 과업수행을 못할 것 같으니 해지하자는 것은 자신의 이미지 추락으로 이어지게 되어 피하고 싶다. 그래서 K에게 전권을 주고 A 지자체와의 회의 및 용역수행에 관한 사항을 모두 위임하였다.

다섯째, 해당 사례에서 상호이익의 결과를 위해서는 M 교수 측에서 J가 요구하는 과업지시서에 요구하는 결과물을 제출하는 것이다. 이미 수행 기간은 지났기 때문에 이는 조율할 수도 없는 요소가 되었다. M 교수 처지에서는 자신의 이미지 추락을 방지하고 싶다. 결국 지자체에서 원하는 보고서 제출하는 것이 자신이 선택할 수 있는 최선의 결과이다. J 주무관의 처지에서는 연구용역으로 자신에게 인사상의 불이익이 오는 것을 방지하고 싶어 한다. 또한 기간은 지났지만, 그래도 최대한 빠른 기간 내에 제대로 작성된 연구보고서가 도착하기를 원하고 있다. 그렇다고 불성실한 보고서는 받고 싶지 않았다. 그래서 기간을 연장해주는 결정을 했다. 물론 T 과장과 S 팀장의 결정에 따른 것이었다. K는 연구용역 계약 체결 내용을 확인하고 어떻게든 이 계약에 맞게 보고서가 이루어져야 한다고 생각했다. 다만, A 지자체에서 요구하는 기간은 너무 촉박했다. 그래서 보고서는 지자체에서 원하는 만큼의 성과를 만들어 주되, 과업 기간을 연장시키는 것에 초점을 맞추었다.

표 2.1.2 갈등협상의 구조분석

제목	지자체 연구용역 수행 갈등해결 사례
갈등당사자	- 직접당사자: M 교수, J 주무관, 연구원 K - 간접당사자: T 과장, S 팀장, 연구원 D, 연구원 Q,
갈등쟁점	- 연구용역 기간의 경과했는데도 연구용역 결과보고서 미제출 - 10월까지 과업지시서 내용에 따른 결과보고서 제출
갈등원인	- 연구용역 수행계약을 체결하고도 잊고 있음 - 기간이 경과했는데도 연구용역 결과보고서를 제출하지 못함 - 지자체와 소통 부재
입장	- M 교수 : 계약시 논의되었던 것처럼 과업지시서는 참고 정도로 하고, 간단하게 용역과제 수행 제출 - J 주무관: 빠른 시간 내에 계약사항 준수한 결과보고서 제출 - K 연구원: 계약사항 준수
이해관계	- M 교수 : 이미지 추락 걱정, K에게 결과보고서를 작성해서 제출 위임 - J 주무관: 업무 담당자로서 인사상 불이익걱정, 질 좋은 결과보고서 수령 - K 연구원: 연구결과보고서 제출, 용역수행기간 2개월 연장
해결기법	- 과업 기간 경과했는데도 결과보고서를 제출하지 못한 것에 대해 사과 - 과업 수행기간 2개월 연장 - 과업보고서를 연장 기간 내 작성 제출

2) 사례의 교훈

　사례를 통해 생각해 볼 수 있는 교훈은 다음과 같다. 첫째, 당사자 간의 계약관점에서 살펴볼 수 있다. 지자체와의 연구용역에서 연구용역 수행 계약을 체결만 하고, 그에 관심을 두지 않은 것은 연구책임자의 잘못이다. 설령 연구책임자가 해당 과업에 대해서 깜빡하였다면, 연구원이 과업의 수행 기간을 점검했어야 했는데, 아무도 과업에 대해서 신경을 쓰고 있지 않았다. 그렇다고 해서 A 지자체는 자유로울 수 있을까 하는 생각이다. 해당 과업이 발주되고 나서 이를 관리·감독해야 하는 처지에서 담당자의 변경으로 본인들도 해당 과업에 대해서 모르고 있었다는 것은 결국 방임이 될 수 있다. 따라서 어떤 계약이 체결되었다면, 이에 대한 수행계획부터 수행 진척 점검, 결과 보고 등이 제때 이루어질 수 있도록 계약책임자는 주의를 기울이고 있어야 한다.

　둘째, 과업 내용에 대한 검토가 미진했다. 어떤 계약이건 계약서의 내용은 중요하다. 용역에서는 과업지시서에 작성된 내용에 대한 검토가 먼저 이루어지고 해당 용역을 진행할 것인지를 결정해야 했는데, 과업 내용에 대해서 명확히 인지하지 않은 상태에서 계약을 체결하였다. 이는 목적지를 정하지 않은 상태에서 배를 띄우는 것과 같다.

　셋째, 이미 과업 기간이 지나버린 상황에서 담당자가 바뀌었음에도 과업 계약 당시 상황을 계속 언급하는 것은 부질없다. 계약을 이행하지 않은 것은 명백한 잘못인데, 이를 인정하지 않고, 변명으로 일관한 것은 분명 잘못이었다. 그리고 상대방 즉, J가 원하는 것이 무엇인지를 들으려 하지 않고, 과거 상황만을 언급하는 것이 오히려 상황을 악화시키고 있었다.

　넷째, 담당자와의 소통의 부재이다. 해당 문제가 발생했을 때, 바로 연구진이 담당자나 계약 당시의 담당자와 문제해결을 위한 소통을 진행했다면, 좀 더 빨리 문제해결에 집중할 수 있었을 것이다. 그리고 소통의 과정에서도 잘못한 부분은 인정하는 것이 앞으로의 일의 진척을 위해서 필요하다. 그러나 아무도 담당자와 소통하지 않았고, 잘못도 인정하지 않았다. 협상은 소통의 과정이며, 상대방도 계약대로 진행되지 않으면 걱정과 두려움이 앞선다는 것을 생각해야 하는 과정이다. 어느 한쪽만의 만족이 아니라 모든 당사자에게 만족을 주는 방안을 찾아가는 것이 협상 과정임을 다시 한번 되새기게 한다.

사례 2. 종합병원 콜센터의 갈등해결 사례

1. 갈등의 배경

1) AB 종합병원의 콜센터 개요

AB 종합병원은 50년간 지방에 본사를 두고, 의료업무를 통해 착실하게 발전해 온 종합병원으로, 2002년에 콜센터[18]를 개설하여 업무를 시작하였다. 초기에는 2명의 관리자와 10명의 계약직 인원으로 단순 상담업무와 민원 등의 업무(인바운드)를 중심으로 시작하였으나, 점차 업무의 범위를 확대하였다. 그래서 2012년에는 콜센터 운영대행업체에 위탁하면서, 내부 직원들은 관리 업무를 담당하게 되었고, 전국 최초로 24시간 상담을 시행하였다.

2017년부터는 건강검진에 대한 전화 안내를 시작하면서 전화를 걸어서 영업을 하는 업무(아웃바운드)를 시작하였다. 이어 2018년부터는 전화 예약 업무와 이와 관련된 콜센터(아웃바운드)를 별도로 개설하였고, 콜백 서비스 실시를 위하여 전문으로 담당하는 콜센터를 추가로 개설하였다.

AB 종합병원은 일반 고객의 증가와 더불어 건강검진 등 업무의 확대가 있을 때마다 기존의 콜센터를 확장하기보다, 전문성을 위주로 별도 콜센터를 개설하였다. 또 콜센터 외에 별도로 통화중일 때 걸려온 전화에 대하여는 담당자가 직접 전화를 걸어 상담 또는 처리하는 '콜백(Call Back)'서비스를 담당하는 파트를 설립하여 총 3개의 콜센터가 설립되었다.

2) 콜센터 운영구조

대부분 종합병원은 콜센터를 외부에 위탁하고 있는데, 콜센터의 운영구조는 **그림 2.2.1**에서 보는 바와 같이 세 개의 이해관계자로 구성되어 있다.

그림 2.2.1 콜센터 이해관계자

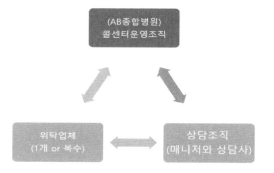

첫 번째는 콜센터를 운영 및 관리를 위한 운영조직이며, 두 번째는 매니저와 상담사들로 구성된 상담조직이고, 세 번째는 위탁업체이다. 위탁업체는 1개 일수도 있고 복수업체일 수도 있다. 이 세 개의 이해관계자가 서로 유기적으로 움직일 때 콜센터의 성과가 난다.

콜센터 운영조직이 외부 위탁업체에게 상담업무를 위탁하면, 위탁업체는 상담사들을 채용하고 매니저를 선정하여 상담조직을 구성하고, 상담조직은 매니저를 중심으로 운영조직으로부터 위탁받은 상담업무를 수행하는 방식이다. 운영조직은 약정 범위 내 업무는 위탁조직에게 맡기지만,

매일매일 일어나는 특별상황은 상담조직 매니저에게 직접 지시를 할 수 있다.

상담조직을 직접 운영하는 매니저는 위탁업체로부터 지시받은 업무 범위 안에서 상담업무를 수행한다. 특이할 점은 위탁업체가 상담조직을 구성하고 운영하지만, 일단 구성된 이후에는 운영조직은 상담조직의 변화 없이도 위탁업체를 변경할 수 있다는 점이다.

3) 갈등의 개요

운영조직은 상담사들을 직접적으로 관리, 통제해서는 안 된다. 반드시 상담조직을 대표하며 위탁업체의 관리를 받는 상담조직의 매니저를 통해서만 지시할 수 있다. 운영조직 직원이 개별 상담사들에게 직접 업무지시를 하는 경우 자칫하면 갑질에 해당될 수 있어서 사무실 밖에서 만나는 것도 조심해야 한다.

그러나 AB 종합병원은 지방에 소재하고 운영조직과 상담사들이 해당 지방에서 채용된 경우가 많다. 그래서 기존 운영조직의 퇴직 직원들 가운데서 상담사로 근무하기도 하므로 운영조직 직원들과 상담사들은 유대관계가 있을 수 있었다.

반면, 위탁업체는 수도권에 소재하고 있는 경우가 대부분이고, 위탁업체의 관리자가 수시로 교체되는 데다 수도권에 근무하는 상황이다. 그러다 보니 운영조직 직원들이 상담조직의 매니저와 상담사들을 더 잘 알게 되고, 위탁업체에서도 새로운 매니저를 채용하거나 승진시킬 때 자연스럽게 운영조직의 의견을 반영하게 된다.

운영조직이 자체 직원을 채용할 때에도 자연스럽게 우수 상담사 중에서 채용하게 될 가능성이 크므로 서로 의사소통이 잘 되는 상황이다. 이런 상황에서 운영조직의 관리자들이 장기근무를 하면서 상담사들에 대해 잘 알게 될 수 있다.

이런 상황에서 위탁업체에 대한 갑질 이슈가 점차 제기되는 사회적 분위기로 인하여 콜센터 내에 갑질 이슈가 제기되었다. 동시에 코로나로 인해 비대면 업무가 폭증하면서 콜센터의 효율적인 운영이 필요한 시점과 맞물리며 전반적인 점검 및 개선 필요성이 제기되었다. 이로 인하여 AB 종합병원은 K 부장에게 현상을 파악하고, 문제점을 해결할 수 있도록 개선 방향을 마련하도록 지시하였다.

2. 갈등의 당사자와 쟁점 파악

K 부장은 콜센터 내 갑질 이슈에 대해 대응하고, 콜센터 운영 전반에 대한 점검 및 개선방안을 마련하기 위한 절차에 착수하였다. 먼저, 운영조직과 매니저, 상담사들 사이에서의 쟁점을 파악하고, 협상 및 개선을 위한 사전조사를 실시하였다.

1) 운영조직과 상담조직 사이의 쟁점

K 부장은 운영조직과 상담조직과의 최대의 쟁점은 갑질 이슈로 보았다. 이슈는 상담사들은 갑질이라고 생각하고 있는 일들에 대하여 운영조직 관리자들은 자신들이 갑질을 하고 있다는 것에 대해 인지하지 못하고 있는지를 확인하는 것이었다.

노동법을 기준으로 운영조직 관리자들이 자신들의 업무를 매니저 등 일부 상담사에게 부당한 업무를 요구하는 측면이 있었는지를 집중적으로 파악하였다. K 부장은 해당 상담사들이 자신들이 운영조직의 업무를 지시받아 수행하고 있었다면, 상담사들이 소송을 할 경우에는 AB 종합병원이 질 가능성이 높은 상황이 있었는지에 중점을 두었다.

2) 운영조직과 위탁업체와의 쟁점

K 부장은 운영조직과 위탁업체와의 쟁점은 콜센터의 효율적 운영이라고 판단하였다. 그래서 동 위탁업체와 운영조직에게 콜센터 업무를 위탁한 타 종합병원의 콜센터와 비교자료를 요청하여 분석하였다.

업무성과(또는 콜센터의 성과)는 상담조직 상담사들의 수준과 위탁업체의 관리역량에 의해 영향을 받기 때문에 성과가 낮은 이유 중 운영조직과 관련된 불만사항은 무엇인지를 청취하였다.

3) 위탁업체와 상담조직과의 쟁점

K 부장은 콜센터의 성과에 가장 결정적으로 영향을 미치는 위탁업체와 상담조직과의 관계를 면밀하게 조사하였다. 이를 위하여 상담조직의 상담사들을 대상으로 만족도와 애로사항 등 다각도로 설문조사를 실시하였다.

채용의 적시성과 교육의 적절성, 복지 및 처우의 공정성 등이 설문조사의 대상이었다. 상담사들에 대한 보수와 복지가 미진하였다면, 그 원인이 위탁수수료가 타 종합병원에 비해 낮은 것이었는지, 아니면 상담사들의 운영미숙에 있었는지 등을 집중적으로 조사하였다.

3. 갈등 파악 과정

1) 운영조직: 자신들의 문제와 위탁조직과 상담조직에 대한 인식

　K 부장은 운영조직 직원들과 면담을 통하여 지금까지 진행되어 온 상황에 대하여 청취한 결과 운영조직 직원들은 친절한 것 같으면서도 의외로 세부적인 이야기를 하려고 하지 않는 분위기를 감지하였다. K 부장이 그간 경영진에 대한 보고 내용을 살펴보니 너무 일을 소극적으로만 하고 있었다는 점이 드러났다. 최근 1년 전에 보고했던 내용을 확인해 보니 새로운 일을 추진하지 않겠다는 3페이지짜리 간단한 보고였는데, 그 보고를 하고 나서 큰 질책을 받았다고 했다.

　또 갑질 이슈에 대하여 묻자, 운영조직 직원들은 자신들이 보고서 작성을 위하여 상담조직 직원들에게 자료요청을 하거나, 근무시간이외에 따로 만나서 간접적으로 업무지시를 하거나, 근무시간중에 상담조직 직원들에게 직간접적으로 업무독려를 하는 것이 갑질인 줄 전혀 몰랐으며 깜짝 놀라고 있었다.

　위탁업체에 대한 견해를 묻자, 운영조직 직원들은 위탁업체가 너무 소극적으로 대응하고 있어서 자신들이 직접 상담조직에 요구하는 경우가 많았으며, 위탁업체에 대하여 많은 불만을 가지고 있었다.

　상담조직에 대한 견해를 묻자, 운영조직 직원들은 매니저와 상담사들과의 불신과 갈등이 매우 심하고, 상담사들끼리도 갈등이 심하다고 했다. 또다시 그 이유를 묻자, 장기근속 상담사가 말을 잘 안 듣고 독단적인 행동을 많이 한다고 하는 등 문제점을 위탁업체와 상담조직에 떠넘기는 분위기였다.

　위탁업체 관리담장자들은 평균 6개월~1년 정도 담당하고 자리 이동을 하였고, 이로 인해 상담조직에 대하여 큰 관심을 갖지 못했던 것으로 드러났다.

2) 상담조직: 자신들의 문제와 위탁조직, 운영조직에 대한 인식

상담조직의 매니저는 운영조직과 위탁업체의 연결고리이다. 따라서 이 둘의 지시에 따라 상담조직을 운영하면서 갑질 이슈가 있었고, 자신이 가장 큰 피해자임을 토로했다. 그러나, 운영조직의 종전 관리자가 자신이 매니저로 승진시키는데 주로 역할을 하였고, 지시를 듣지 않을 수 없었다고 했다. 그로 인해 정작 자신의 일은 부매니저들에게 맡기고 자신은 운영조직 관리자들이 요구하는 자료 작성에 많은 시간을 빼앗기고 있었다. 실제로 보니 상담조직에서 매니저가 가장 먼저 출근하고, 가장 나중에 퇴근하였으며, 주말에도 출근을 하는 경우가 많았다.

위탁조직과 매니저의 양해와 추천을 통하여 면담을 할 상담사들을 추천받았다. 추천받은 상담사들과 면담결과 가장 큰 애로사항은 급여 및 복지였는데, 장기근속자, 우수 상담사에 대한 혜택이 좀 더 많았으면 좋겠다는 견해가 가장 많았다. 이들이 상대적으로 어렵거나 많은 업무를 담당하고 있는데 비해 상대적으로 처우는 너무 열악하여 능력 있는 상담사들이 많이 떠났다고 했다.

상담사들이 느끼는 갑질은 운영조직 관리자들이 자신들이 근무하는 사무실에서 상담하는 목소리를 듣고 조용히 상담을 하라는 소리를 하는 경우도 있었고, 어떤 상담사는 목소리가 크다고 자리를 바꾸라고까지 했다고 했다. 상담이 폭증하여 밀리는 경우에는 상담사들 뒤로 와서 상담을 독려하거나, 자신의 뒤에서 컴퓨터 화면을 보고 서 있어서 깜짝 놀라기도 하였다고 했다. 사실 이것들은 다 대표적인 갑질이라고 할 수 있는 행태들이었다.

상담사들은 위탁업체가 타회사 콜센터의 위탁업체에 비해 관심이 적다는 의견이 많았다. 몇 년째 상담들과 면담을 하거나 애로사항을 접수하거나 하는 일이 최근 몇 년째 없었다고 했다. 또 위탁업체 관리자가 수시로 바뀌기 때문에 애로사항을 이야기해도 허사인 경우가 많아서 이제는 애로사항에 대한 말도 안 한다고 했다.

3) 위탁업체: 운영조직과 상담조직에 대한 인식

위탁업체 관리자와 면담결과 기존 운영조직 직원들이 상담사들에게 어느 정도 갑질로 생각할 수도 있지만, 자신들이 생각하기에는 우려할 만한 것이 아니어서 이슈화하지 않았다고 했다.

해당 위탁업체 관리자는 타 종합병원도 위탁받아 운영하고 있었다. 그러나 AB 종합병원의 운영조직은 상대적으로 타 종합병원에 비해 소극적이고, 시스템 투자나 상담조직의 환경 개선에도 너무 인색하였고, 위탁수수료도 낮게만 요구하여 자신들도 최소한의 마진을 제하면 급여와 복지에 한계가 있다고 토로하였다.

그간 위탁업체 관리자가 수시로 교체된 사유에 대하여는 직원 개인사정에 의하여 그렇게 된 것이라 미안하다고 하고, 자신은 책임지고 일정 기간 지속적이고 적극적으로 관리하겠노라고 약속했다.

상담조직에 대한 평가를 실시한 결과 타 콜센터에 비해 현 상담조직의 상담사들의 수준이 낮기도 하며, 또 상대적으로 다른 상담조직에 비해 불평불만이 많다고 하였다.

그 주된 이유가 낮은 위탁수수료라는 점에 대하여도 여러 번 언급하였는데, 기존 운영조직 관리자들의 요구사항이 최소의 비용으로 최대의 성과를 내는 것이었기 때문에 구조적인 한계가 있었다고 했다.

그 이유에 대하여 위탁업체는 상담사들의 분위기가 좋지 않으며, 자신들에게 돌아오는 위탁수수료가 낮아 상담사들의 복지와 처우가 상대적으로 낮을 수밖에 없음을 토로하였다. 그러나 타 종합병원을 확인한 결과 수도권에서 활동하는 위탁업체에 비하여 위탁수수료는 낮지만, 타지방에 소재하고 있는 위탁업체와 비교하면 결코 낮지 않은 상황인 것으로 드러났다.

4. 갈등 조정결과

K 부장은 AB 종합병원의 콜센터에서 발생한 갑질 이슈, 4차 산업 시대에 대한 대응, 근무환경 개선 등의 이슈에 대하여 운영조직, 위탁업체, 상담조직 간의 갈등을 조정한 결과 다음과 같이 해결하였다.

1) 운영조직

K 부장은 가장 먼저 운영조직의 문제가 가장 크고 우선적이라는 결론을 내리고, 다음과 같이 갈등을 해결하였다.

① 콜센터 운영 경험이 많은 유능한 직원을 영입하여 갈등상황을 정밀하게 조사하였다. 또 4차 산업에 대한 대응 및 회사 전체의 콜센터 비용을 효율화하기 위하여 현 상황을 전면 재점검하고, 개선방안을 만들기로 한다.

② 운영조직의 갑질의 원천이었던 상담조직과의 동일공간 문제를 해결하기 위하여 별도의 층으로 완전히 분리하여 갑질 이슈가 발생할 가능성을 원천적으로 차단한다.

③ 위탁업체는 타 콜센터(인바운드) 몇 개를 흡수하여 회사 전체의 비

용을 효율화한다.

2) 위탁업체

K 부장은 위탁업체에 대하여 근본적인 수술이 필요하다고 판단하였는데, 가장 근본적인 문제가 지금까지 단일 위탁업체로 운영되었던 점을 감안하여 다음과 같이 갈등해결에 임하였다.

① 타 콜센터를 흡수하여 전체적으로 상담인력업무와 상담사 소요인력이 더 많이 소요됨에 따라 복수업체로 운영하더라도 큰 손해는 없었고, 경쟁을 통하여 더 많은 위탁수수료를 가져갈 수 있게 되어 불만이 없도록 한다.

② 새로운 위탁업체 제안 조건(일정 수준 이상 규모)에 현 위탁업체는 포함되지는 않았으나, 현 위탁업체에 대해 어드밴티지를 적용하여 함께 제안하도록 한다.

③ 위탁업체끼리 우수 상담사 영입을 위한 경쟁을 하게 되고, 자연스럽게 상담조직에 대한 관리가 강화되며, 급여 및 복지에 대한 개선이 뒤따르게 한다.

④ 현 위탁업체는 시스템 투자 등 다른 방향으로 참여할 수 있는 기회를 부여하였고, 매년 위탁업체를 재선정할 때 적극 고려한다.

3) 상담조직

K 부장은 상담업무에 가장 큰 비중을 차지하고 있는 상담조직에 대하여는 다음과 같이 갈등해결에 임하였다.

① 운영조직 사무실을 별도의 층으로 분리하고, 매니저 담당자를 운영

조직에서 1명으로 축소하여 갑질 이슈를 전면 차단한다.

② 위탁업체가 한 개에서 두 개로 늘어나면서 상담조직도 두 개를 만든다. 이로 인해 현재 우수 상담사 중에서 매니저를 비롯해서 상담업무 관리자들을 승진시킨다.

③ 우수 상담사에 대한 혜택을 보완하여 자연스럽게 승진과 더불어 급여 및 복지 수준을 높인다.

④ 근무환경 개선을 위하여 대대적으로 상담 책상을 더 넓고 높은 테이블로 교체하고, 이로 인해 사생활도 보호 수준도 높인다.

⑤ 애로 및 건의사항을 수시로 접수하고 반영된 내용에 대하여는 별도 포상을 진행한다.

5. 협상의 구조분석과 사례의 교훈

1) 갈등협상의 구조분석

이 사례는 **표 2.2.1**에서 보는 바와 같이 다양한 이해관계자가 복잡하게 얽혀 있는 상황에서 발생하는 문제를 해결하기 위해서는 각 이해관계자의 입장에서 애로사항과 이슈를 적극적으로 청취하고, 개선 방향을 통하여 가능한 한 모두가 윈윈 하는 방향으로 나아갔다는 점에서 시사점이 있다고 할 수 있다.

또 갈등으로 얽혀 있는 이러한 복잡한 문제를 처리해 나가는 데 있어서 갈등을 해결하기 위하여 적극적인 역할을 하였고, 모두가 적극 협조하였으며, 경영진의 과감한 결단력과 지원을 통하여 갈등 해소를 추진하였다는 데 그 의의가 있다.

변화가 어려운 대상(운영조직과 상담조직)과 변화할 수 있는 대상(위탁업체)을 잘 나누고, 변화할 수 있는 일부터 하나씩 처리해 나가면서, 모두가 긍정할 수 있는 방향으로 진정성 있게 대응해 나간 것이 주효하였다.

운영조직과 상담조직의 사무실을 나누고, 업무담당도 1인으로 제한한 결과 가장 중요한 갑질 이슈는 완전히 해소되었고, 더 나아가 상담사들의 사기진작이 되었고, 복수 경쟁구조를 만들어 성과향상의 기반을 마련하였다.

운영조직의 관점에서는 단일 위탁업체를 복수 위탁업체로 바꾼 것이 가장 큰 성과였다. 상담사들에 대한 급여 및 복지 수준이 낮고, 그로 인해 우수 상담사를 놓치는 결과를 가져온 원인이 되었던 그로 인해 상담사들이 승진하게 되었고 급여 수준이 높아졌으며, 상담사들의 요구사항을 전적으로 수용함으로써 만족감과 사기가 매우 높아졌다.

표 2.2.1 갈등협상의 구조분석

구분	내용
제목	종합병원 콜센터의 갈등해결 사례
갈등당사자	콜센터 운영조직, 상담조직, 위탁업체
갈등쟁점	운영조직의 갑질이슈
갈등원인	-운영조직에서 상담조직에 업무 전가 -매니저 이외의 상담사들에게 직, 간접적으로 업무 독려 등
입장	-운영조직: 업무 효율성 강조 -상담조직: 직간접적인 개입/갑질 이슈
이해관계	-운영조직: 업무효율성(최소 자원으로 최대 효과) -상담조직: 복지혜택 및 근무환경 -위탁업체: 수익성
해결기법	-갈등 당사자가 모두 윈윈할 수 있도록 서로의 요구사항 수용
해결조력	신임 운영조직 부장

위탁업체는 업무량이 줄어들기는 했지만, 시스템 투자 등 다른 방향으로 참여할 수 있는 기회를 부여하였고, 매년 위탁업체를 재선정하기 때문에 큰 불만은 없었던 것으로 보인다.

2) 사례의 교훈

사례를 통해 생각해 볼 수 있는 교훈은 다음과 같다.

첫째, 3개의 이해관계자가 서로 복잡하게 얽혀 있는 상황을 잘 정리해 나갈 수 있는 역량을 가진 관리자의 역할이 얼마나 중요한지에 대하여 이해할 수 있다. 적극적으로 모든 이해관계자의 입장에서 냉정하고 진솔하게 의견을 청취하여 결과적으로 모든 이해관계자가 만족할 수 있는 결론을 도출했다. 이를 위하여 평소 관리자들에 대한 갈등해결 능력 함양을 위한 교육을 할 필요성이 있다.

둘째, 본 사례의 경우에는 갑의 입장에서 갑질인 줄을 전혀 인식하지 못했다는데 그 심각성이 있다. 갑의 입장에서는 업무효율을 높이기 위하여 주도적으로 을에게 요구할 수 있고, 을은 장기적인 거래 관계를 위하여 갑질인 줄 인식하면서도 순응하다가 결국 큰 문제로 비화되기도 한다. 갑질이슈는 평소 교육을 통하여 사전에 피차 선을 넘지 않도록 하는 것이 필요하다.

셋째, 모든 이해관계자가 만족할 수 있는 결론을 유도하면서도 경쟁관계를 도입하여 보다 긴장감 있는 업무추진이 되고, 결국 가장 약자의 입장에 있는 상담사들의 복지를 향상시키는 방향으로 경쟁을 유도할 수 있었다는데 그 의의가 있다. 콜센터의 성과는 결국 우수 상담사들이 되도록 동기를 유발하고, 또 인정하고 대접해주는가에 따라 결정된다고 해도 과언이 아니다. 우수 상담사에 대한 급여 및 복지 등을 잘 해줄 수 있도록 업체 간 경쟁을 도입하였고, 또 상담사들끼리도 선의의 경쟁을 할 수 있는 분위기를 만들어 활기찬 업무를 수행할 수 있도록 했다.

마지막으로 투자와 주요 의사결정을 하는 경영진의 적극적인 이해와 참여, 지원이 얼마나 중요한지를 보여주었다. 결국 문제를 해결하기 위해서는 부서 자체적인 노력을 넘어서는 대응이 필요한 경우가 많다. 이에 대하여 경영진의 적극적인 대응이 적시에 일어남으로써 결과적으로 모두에게 윈윈이 되는 해결방안을 도출하였다.

사례 3. 지주와 자회사 간 갈등협상 사례

1. 갈등의 배경

AB 건설은 50년간 건설업무를 통해 착실하게 발전해 온 건설회사로, CD 캐피탈을 인수하면서 E 지주회사로 변모하였다. 이후 E지주회사는 다른 건설사를 인수하였고, 현재는 해외 손자회사들을 포함하여 10여 개의 자회사를 거느리고 있다.

지주회사 설립 초기에는 AB 건설의 K 사장이 지주회장을 겸직하였고, AB 건설 직원들은 E지주회사의 모태회사라는 자부심이 있었다. 동시에 AB 건설 출신 임원이 지주에서 중심적인 역할을 수행하였고, AB 건설 출신들이 지주업무를 주로 담당하였다.

문제는 K 지주회장이 물러나면서 시작되었다. 후임으로 취임한 L 회장은 해외파 출신이었고, 국내 건설시장은 이미 포화상태라 건설지주가 성장하기 위해서는 동남아 등 신흥국으로 진출전략을 수립하였다. 이런 전략으로 인해 AB 건설 임원들과 직원들이 대거 지주에서 물러나고 대신 해외파인 외부 전문가들을 대거 채용하였다.

그리고 높은 수익성을 지향하며 동시에 선제적 관리전략을 추진하고 있었기 때문에 상대적으로 수익성이 낮은 지방의 사업부문을 축소하고자 하였다.

이는 그간 지방 중심으로 영업을 하던 AB 건설의 영업 관행에 큰 이슈로 등장하였다. 왜냐하면 사실 지방 영업은 위험에 비해 수익성이 상대적으로 낮았지만, 지역을 소홀히 할 경우 자칫 지역 기반을 상실할 위험도 있었기 때문이었다. 그러다 보니 자연스럽게 영업을 위한 자금 지원의 한도를 배분하는데 있어서 큰 이슈가 생길 수밖에 없었다.

이는 지주회장과 자회사 사장과의 갈등으로도 발전할 수 있는 상황이었다. 다행히 지주회장과 자회사 사장은 막역한 사이였으므로 큰 이슈가 있더라도 지주에서 속도조절을 하였지만, 실무에서는 상당한 갈등이 있을 수밖에 없었다.

또한 지주에서 젊은 해외파 임원들과 직원들을 선호하다 보니 이들의 연령대가 건설 직원들에 비해 상대적으로 적은 것이 이슈가 되었다. 지주 임원들이 자회사 부장들의 나이보다 많이 어렸기 때문에 지주 임원들은 본인에게 부담이 덜한 직원들, 자기에게 부담이 없는 우호적인 사람들로 교체하기를 원하였던 것이다.

그래서 새로 부임한 지주 관리 담당 임원(이하 "지주 임원"이라 함)은 부임하자마자 자신보다 5~6살이나 많은 지주 관리부장을 교체하고, AB 건설의 관리부장을 교체하려고 하였다.

AB 건설의 관리부를 맡고 있는 C 부장의 이슈는 이때부터 시작되었다. AB 건설의 관리 담당 임원은 지주 임원이 겸직하고 있었기 때문에 예상했던 대로 건설 인사부에 관리 담당 부서장을 자신이 원하는 직원으로 교체를 요구한 것이었다.

그러나 AB 건설 인사부는 건설 관리부를 맡고 있는 C 부장이 상당히 중요한 역할을 하는 자리였기 때문에 신중하게 대응을 하였다. 사실 관리부는 5년 전부터 시작한 X 프로젝트를 진행 중에 있었다. 이 프로젝트가 인허가를 요구받았기 때문에 10여 명의 직원을 새롭게 충원해 줘야 했으며, 외부 전문인력도 충원해야 했다. 이 과정에서 전반적으로 인력이 매우 부족한 상황에서 관리부서에 인원을 충원하는 것에 대해 노동조합의 거센 반발도 있었기 때문이었다.

그런 상황에서 지금까지 이 프로젝트를 총괄 지휘해 온 C 부장을 교체한다는 것은 상상할 수 없었다. 더군다나 이 프로젝트의 승인이 이제 3개월도 남지 않았다는 것을 인지하고 있었기 때문에 지주 임원의 요구를 무조건 수용할 수는 없었다. 그래서 일반적으로는 인사이동 대상자와 인사를 협의하는 경우는 사실상 없었으나, 이번에는 C 부장에게 이런 상황을 알려주었고 지주 임원과 원만하게 타협해 달라고 연락이 왔다.

그러나 C 부장의 입장에서는 자신이 직접 지주 임원과 담판을 지으려 하면 항명이 될 수 있는 사안이기도 했다. 그래서 인사부에 지금의 형편을 자세히 알려주고 인사부가 지주 임원과 협상을 할 수밖에 없었다. 이 과정에서 관리부 직원들이 이 내용을 인사부 직원들로부터 알게 되었고, 동시에 노동조합에까지 이 상황이 전달하였다. 그러자 노동조합에서도 건설인사담당 임원에게 적절한 대응을 요구하였고, 인사부장과 인사담당 임원이 직접 나서서 이 일을 중재하기에 이르렀다.

2. 갈등의 당사자와 쟁점

1) 갈등 당사자

갈등의 직접적인 당사자는 지주 임원과 자회사 인사부이다. 일반적으로는 부서장에 대한 인사이동은 자회사 인사담당 임원과 사장의 결심 하에 이루어지는 것이므로 사장의 결심이 있으면 되었다. 그러나 현 상황은 어쩌면 지주 회장과 자회사 사장과의 대리전이기도 했기 때문에 인사부는 일단 한발 뒤로 물러서고, 지주 임원과 관리부장이 협의를 하여 적절하게 의견을 모아주기를 기다리고 있었다.

간접적이지만 실질적인 갈등 당사자는 관리부를 맡고 있는 C 부장과 관리부 직원들이었다. C 부장은 이 프로젝트를 위하여 팀장을 맡아 부장으로 승진하기까지 8년 넘게 이 일을 해오고 있었다. 전임 회장으로부터 5년 전에 특명을 받았고, 이후 부임한 자회사 사장도 큰 기대를 걸고 있는 상황이었다. 현 상황이 자회사 사장과 지주 회장과의 갈등이 될 수도 있어서 매우 조심스럽지만, 이 프로젝트를 성공적으로 마치기 위해서는 반드시 본인이 마무리를 지어야하는 입장이었다. 어쩌면 지주 임원의 강력한 요청 뒤에서 지주 회장이 있을 수 있기 때문에 사장에게 보고하면, 자칫 사장과 지주 회장과의 갈등으로 비칠 수 있는 것도 매우 조심스러웠다. 그래서 본인이 직접 나설 수가 없었다.

간접적이면서도 주된 갈등 당사자는 관리부 직원들이었다. 이 프로젝트에서 C 부장이 팀장시절부터 주된 역할을 하였고, 인허가 당국과도 직접적인 소통을 하는 등 승인을 위해 가장 중요한 위치에 있었기 때문이다. 5년 동안 인사부의 협조를 받아냈고, 노동조합으로부터 수많은 미움을 받아가며 내부에서 우수한 인력을 충원 받아냈고, 외부 전문인력을 채용하기까지 C 부장의 역할이 너무나도 컸다. 사실 C 부장을 대체할 수 있는 직원이 없는 상황이었기 때문에 C 부장의 교체를 받아들일 수는 없었다. 그래서 인사부와 노동조합에 적극적으로 호소하게 되었다.

이번 갈등에서 또 다른 주된 당사자는 직원들의 입장을 대변하는 노동조합이었다. 사실 노동조합이 부서장 인사이동에 관여하는 경우는 매우 제한적이어서 부장 교체에는 큰 관심이 없었다. 그러나 이번 사안은 관리부서 내에 노조원이 20명이 넘을 정도로 매우 많아서 노조원들이 직접적으로 영향을 받는 상황이었고, 관리부서 직원들의 간절한 호소와 요구로 인하여 적극적으로 관여할 수밖에 없었다. 또 한편으로는 지주가 마음에 들지 않기도 했고, 건설의 인사권을 너무나 좌지우지하는 것을 보고만 있을 수도 없었다.

또 다른 간접당사자로는 AB 건설 사업 관련 부서들이 있다. 기업마케팅부, 가계마케팅부 등 영업을 하는 사업부서들은 관리부에서 당해 연도 영업 한도를 승인받아야 한다. 이 한도가 얼마나 어떻게 주어지느냐에 따라 성과에 결정적으로 제한을 받을 수도 있었다. 당시 지주 회장의 입장은 국내 영업을 제한하고 해외 사업분야를 확대하려고 했기 때문에 지주 입장대로 한도가 결정되면 자회사 사업부들은 상당한 타격을 입을 것이 분명했다. 그래서 사업부서장들은 인사부에 간접적으로 현재의 관리부장이 당해연도 말까지는 근무를 해야 한다고 요청하였다.

위의 내용을 감안하여 갈등관계와 구조를 그리면 다음과 같다.

그림 2.3.1 갈등관계와 구조

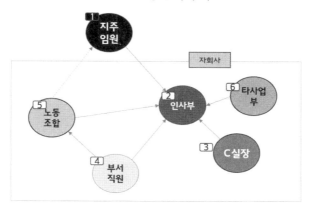

정리해보자면, 갈등 당사자는 위 그림에서 보는 것처럼 여섯이다. 갈등

의 직접 당사자는 지주 임원과 인사부이다. 그리고 간접당사자는 관리부 C 부장, 관리부 직원들, 노동조합과 사업부서들이다.

지주 임원과 협상을 할 수 있는 직접 당사자는 인사부지만, 노동조합도 지주 임원에게 요구를 하거나 의견을 낼 수 있는 상황이다.

사실상 가장 큰 영향을 미치는 자회사 관리부서를 담당하고 있는 C 부장, 관리부서 직원은 지주 임원에게 직접적인 협상을 할 수는 없다. C 부장은 인사부에 자신의 입장을 전달할 수밖에 없다. 관리부서 직원들은 인사부와 노동조합에 직·간접적으로 영향을 미칠 수 있다. 사업부서는 인사부에 간접적으로 의견을 제시할 수밖에 없는 형편이다.

2) 갈등 당사자들의 쟁점

(1) 지주 임원

지주 임원의 쟁점은 건설 관리부를 자신의 생각대로 운영하고자 하는 것이었고, 자신의 힘을 보여주는 일차적인 방법이 부장을 자신이 요구하는 사람으로 교체하는 것이었다. 될 수 있는 대로 젊으면서 자신의 마음을 이해하고, 자신의 뜻대로 움직일 수 있는 사람으로 교체를 원했다. 그런데 건설 내부에 위험 업무를 잘 아는 사람들 중에서 찾기는 상대적으로 어려웠다. 왜냐하면 과거에 관리부에 근무했던 경험이 있던 직원들 중에서는 관리부의 현 상황을 너무 잘 알기 때문이었다.

그래서 차선책으로 선택한 사람은 이전부터 자신을 알고 있던 직원이었고, 현재 사장과도 친한 관계에 있던 직원이었다. 이 사람은 영업통으로 뛰어난 실력이 있었으나 관리를 한 경험은 전혀 없었다. 그러나, 오히려 관리를 잘 모르는 것이 자신의 뜻대로 부서를 움직여나가는 것에는 오히려 장점이라고 판단하였다.

다만, 현재 자회사 관리부가 진행하고 있는 X 프로젝트가 인허가를 앞두고 있었기 때문에 이점에 대해서는 약간 부담스러운 부분도 있었다. 만약 부장 교체 후 승인이 잘 되지 않으면 그 책임을 본인이 뒤집어쓸 수도 있었기 때문이었다.

또한, 지주 임원은 새로 부임한 상황에서 자신이 건설 자회사들을 잘 통제하고, 지주 회장이 바라는 바대로 건설 자회사가 움직이는 모습을 지주 회장에게 빨리 보여줘야 한다는 부담이 있었다. 지주 회장을 통하여 사장에게 곧바로 연락하는 방법도 생각하였으나, 사장이 지주 회장보다 선배였던 관계로 쉽지 않았다.

그러나 여기서 자신의 능력을 보여주지 못하면 앞으로 업무를 추진하는 것이 쉽지 않을 것이었기 때문에 지속적으로 C 부장 교체를 요구할 수밖에 없었다.

(2) 인사부

인사부는 인사이동과 관련한 직접 당사자였으나, 이 경우는 일반적인 경우와 많이 달랐다. 관리부의 형편을 누구보다 잘 알고 있었기 때문이었다. 현재 진행하는 프로젝트를 위하여 우수한 직원으로만 10여 명이상 충원했을 뿐만 아니라, 외부 전문가를 3명 채용하는 등 수많은 어려움을 겪었기 때문이다. 그리고 다른 자회사들의 경우에도 당국의 인허가를 받는 것이 너무나 어려웠다는 것을 알고 있었기 때문에 이런 와중에 부장을 교제해서 승인을 못 받았다는 얘기를 듣는 것은 자신들에게 엄청난 위험 요인이 될 수 있었다.

관리부 직원들도 강하게 불만을 토로했다. 이번 프로젝트를 위하여 5

년간 야근을 해왔는데, 이제 인허가를 2~3개월 남겨놓고 선장 역할을 하는 부장을 바꾼다면 승인은 물 건너간 거나 다름없다고 하소연하였다. 이번에 승인을 못 받는다면 또 1~2년 동안 야근을 엄청나게 해야한다고 하였다. 또 건설 내부 업무를 거의 모르는 해외파 임원이 각종 자료 요구와 더불어 관리 업무의 주도권을 지주로 이양하려고 한다는 소문이 있었다. 이런 상황에서 관리 경험이 전무한 사람이 부서장이 맡을 경우 인허가는 커녕 일을 더 키우거나 자칫 지주에 끌려다닐 가능성이 너무 컸다. 이러다 보면 그렇지 않아도 많은 야근이 폭증하게 될 것은 불 보듯 뻔했다. 이런 상황을 반영하여 노동조합으로부터도 강한 반대의견이 있었다.

이것 말고도 관리부는 부서들의 영업 한도 관리를 통하여 각 부서들을 통제하는 중요한 자리로 지주가 건설을 실질적으로 통제하는 데 있어서 중요한 위치였기 때문에 관리부장 선임에는 상당히 신중할 수밖에 없었다. 그래서 관리 담당 부서장의 교체 소문은 회사 내 많은 사업부서장들에게도 이슈가 되었다. 자연스럽게 또 이 일을 알게 된 사업부서장들은 인사부장에게 한 마디씩 했다. 관리부장이 지주의 요구를 다 들어주면 금년 사업은 너무나 힘들 것이라는 의견이었고 사실상 사장 영업방침에 큰 어려움이 될 것이라고 했다. 그래서 C 부장을 이동을 시키더라도 금년 말에나 하면 좋겠다고 하였다.

(3) 노동조합

노동조합은 직접 당사자는 아니지만, 관리부에 노조원이 많았기 때문에 이 문제를 좌시할 수 없었다. 그동안 노동조합은 직원들의 전문성 향상을 위하여 외부 전문인력 채용을 극도로 자제시켜 왔었다.

그래서 이 프로젝트에 우수한 많은 인력을 충원하는 것과 건설 최초로 외부 직원을 정규직원으로 채용해 주는데 동의할 수밖에 없었지만, 이로 인하여 다른 노조원들과의 형평성 논란 등 갈등도 만만치 않았다.

이렇게 내부적으로 많은 갈등을 감당하면서까지 협조를 했었는데, 프로젝트가 완료되지 않은 상황에서 C 부장을 교체한다는 것을 납득할 수 없었다.

무엇보다 직원들이 이제 몇 개월 후면 다 끝날 수 있는 상황에서 교체를 한다면 업무를 자세히 알지 못하는 새로운 부장이 일을 그르칠 수 있다는 주장을 해왔기 때문이다. 프로젝트의 인허가가 지연된다면, 잘 모르는 관리자들로 인하여 야근이 폭증할 것이라는 관리부 직원들의 호소를 그냥 넘길 수는 없었다. 그래서 노조원들을 진정시키기 위해서도 적극적으로 나서지 않을 수 없었다.

(4) 관리부장(C 부장)

C 부장의 입장은 자신의 거취 문제를 두고 왈가왈부할 수는 없지만, 이 일은 건설 프로젝트의 인허가 건 외에도 향후 건설의 사업 방향에 분명히 큰 영향을 미칠 수 있는 일이었다. 그래서 본인이 인사이동이 일어날 경우를 감안하여 프로젝트 컨설턴트하고 대책을 논의하였다. 그러나 현 상황에서 갑자기 새로운 부장이 업무능력이 생길 수 없기 때문에 너무 난감하다고 이야기하였다. 컨설턴트는 무조건 이번에는 안 된다고 의견을 주었다.

지주 임원이 C 부장에게 개인적으로 자기 입장이 있으니 도와달라고 하였지만, 현실적으로 지금 이 시점은 자신이 개인적으로 협조하는 것은 너무나 힘들다고 이야기를 할 수밖에 없었다.

(5) 관리부서 직원

관리부서 직원들은 부장 교체에 대한 정보를 듣고 너무 어이가 없었다. 도대체 건설 프로젝트 업무를 몰라도 너무나 모른다는 생각으로 노동조합과 인사부에 찾아가 절대로 안 된다고 호소하였다.

시스템 개발의 완성도와 당국의 인허가 이슈에 대비하기 위하여 C 부장은 반드시 필요한 존재였다. C 부장은 20년간의 관리 경력이 있는 전문가였으며, 5년째 시스템 개발을 주도하고 있었다. 이 시스템이 거의 완성단계에 있었고, 승인을 받기 위해서는 노련한 협상이 필요했다. 더군다나 지주 임원이 밀고 있는 P 팀장은 관리업무 경력이 전무하였기 때문에 부서장 교체가 되더라도 시스템 승인을 받고 난 후에 진행해야 한다고 강하게 주장하였다.

이외에도 관리부 직원들은 영향력 있는 고참 부장이 나가고 업무를 잘 모르는 신참부장이 외부에서 올 경우 지주 관리부의 통제가 더 심해질 것을 우려해 더 적극적으로 반대를 하였다.

게다가 새롭게 부장이 바뀌면 업무 파악하는 과정에서 일이 불가피하게 더 생길 것이 분명하고, 또 임원이 요구하는 내용을 거절할 수 없어서 일이 더 폭증할 것이 뻔하였다. 더 큰 문제는 지주 임원을 적절하게 상대하지 못한다면 건설의 핵심직원을 지주로 데려가거나, 지주의 업무를 건설에 떠넘길 것이 분명하였다. 이런 일을 대응하기 위하여서도 고참 부장이 반드시 필요하였다.

(6) 사업관련 부서장들

관리부로부터 한도관리를 받는 사업부서장들의 입장에서도 현재의 부장을 교체하면, 지주의 통제 하에서 금년도 사업계획 달성에 빨간불이 켜질 것이 분명하였다. 그래서 부서장 교체를 하려면 연말에나 해야 한다고 주장하였다.

C 부장은 인허가 조건을 준수하면서 영업에 차질이 없도록 적절하게 영업 한도를 탄력적으로 조정을 해왔었다. 그래서 건설의 다른 영업부서 임원과 부장들도 지주에서 자회사의 영업에 너무 직접적으로 관여할 가능성이 높아지는 것이 부담스러웠고, 현 부장이 중간 역할을 하기를 선호하였다.

3. 갈등 협상 및 과정

1) 지주 임원의 요구

지주 임원은 새로운 부장으로의 교체를 지속적으로 주장하였다. 사실상 더 이상 물러설 곳이 없어 보였다. 그러면서 회장의 방향을 적용하고 자신의 입장을 수용할 수 있는 후보를 제시하였다. 동시에 C 부장에게는 원하는 자리를 마련해 주겠다며 도와달라고도 했다.

그런데, 다행스럽게도 건설 관리부가 추진하고 있었던 프로젝트에 대한 당국의 인허가 방침이 바뀌었다. 당국의 정책이 바뀌면서 프로젝트의 승인 방침이 바뀌었다. 종전에는 건설만 프로젝트를 진행할 경우에도 인허가를 내주었으나, 이제부터는 지주와 함께 프로젝트를 수행하는 경우에만 인허가를 내주는 방향으로 정책을 수정한 것이다. 이 영향으로 자회사의 시스템 승인 일정이 3년 정도 뒤로 미뤄지게 되었다. 지주 임원에게는 아주 좋은 호재가 발생한 것이었다.

그럼에도 자회사 인사담당 임원이 지주 관리 임원에게 특별 이동은 불가하고 정기 인사에서 교체가 가능하다고 여러 번 반려되었다. 또 노동조합 위원장으로부터도 지주 관리 임원을 만나서 현 관리부장을 절대 교체하지 않도록 여러 차례 요구받았다.

2) 인사부의 입장

인사부는 시간이 몇 개월 경과하면서 프로젝트 승인 일정이 연기되었다는 사실을 인지하였고, 다시 C 부장과 관리부 직원들을 불러 의견을 청취하였지만, 여전히 절대로 안 된다고 주장했다. 관리부 직원들은 인사부뿐만 아니라, 노동조합에 적극적으로 호소를 하였다.

지주 관리 임원에게 불가 입장을 밝혔지만, 지주 임원으로부터 건설 인사담당 임원에게 특별 인사이동을 해달라고 지속적으로 요청받았다. 지주 임원은 지주 회장에게 보고하고 사장을 통하여 진행할 수도 있다고도 하면서 은근히 압박을 하는 한편, C 부장에게 좋은 자리를 주면서 양해해 달라고 설득을 요청하기도 하였다.

한편 사장에게는 별도 보고를 하지 않았다. 어느 정도 알고 있는 눈치였지만, 금년도 성과를 염려하고 있었기 때문인지 별다른 지시를 하지 않았다.

이런 상황에서 노동조합에서 지주 임원이 요구하는 후보대신에 관리부 내부에서 자체 승진을 시켜달라는 요청이 와서 더 힘들어진 상황이 되었다.

3) 노동조합의 입장

노동조합의 입장에서는 프로젝트 승인 일정이 늦춰졌기 때문에 C 부장이 절대적으로 필요한 상황이 아니라고 판단했다. 그러나 관리부 직원들은 방향을 바꾸어서 관리부 K 팀장의 내부 승진을 강력 요구했다. 지주가 중심되어 프로젝트를 진행하더라도 건설 프로젝트의 일관성을 절대로 무시할 수 없다는 이유였다.

따라서 노동조합에서도 관리부 직원들의 요구대로 후임 담당부장을 내부에서 선임해주길 인사부에 요청하였다.

4) 관리부장(C 부장)의 입장

관리부장은 자신의 거취에 대하여 강하게 주장하는 것이 좋지 않으므로 인사부장에게 직원들의 입장을 수용해 주면 좋겠다고 의견을 주었다.

그리고 직원들은 연말 인사이동을 원했지만 지주 임원의 입장도 있고, 지주 회장의 입장과 사장과의 관계도 있으니 가장 빠른 정기인사에서 교체해도 좋다고 의견을 주었다.

그러나 후임 부장에 대해서는 될 수 있는 대로 관리부 내부에서 K 팀장을 승진시키는 것이 향후 3년 동안의 프로젝트를 진행하는데 더 도움이 될 것이라는 의견을 주었다.

5) 관리부서 직원들의 입장

직원들의 입장에서는 프로젝트 승인 일정이 늦춰졌기 때문에 C 부장의 필요성을 더 이상 주장할 수는 없었다. 그러나 지주 임원이 바라는 직원이 부장으로 오면 안 된다는 생각을 하였다. 향후 지주가 중심 되어 프로젝트를 진행하더라도 자회사 프로젝트의 일관성을 절대로 무시할 수 없었기 때문이었다. 내부적으로 K 팀장을 후임으로 밀기로 하였다. K 팀장도 15년의 관리 경력을 가진 베테랑이었지만, 안정적인 인수인계를 위해 C 부장은 수시 인사로 교체하지 말고 정기인사 시기까지 미뤄달라고 요청하였다.

또한 직원들은 건설의 영업 부서들의 이슈를 대응하고, 지주의 일방적인 영향력에 적절하게 대응하기 위해서도 K 팀장이 후임 관리담당부장이 되어야 한다는 주장을 하였다.

6) 사업부서장들의 입장

사업부서장들은 사실 프로젝트에는 큰 관심이 없었지만, 당해 연도 사업에 미칠 영향이 걱정이었고, 될 수 있는 대로 당해 연말까지는 유임을 원하였다.

4. 갈등 협상 결과

지주 임원과 인사부는 위와 같은 협상 과정을 거쳐서 다음과 같이 협상 결과를 도출하였다.

첫째, 시스템 승인 일정이 3년 뒤로 연기되었으므로 C 부장은 가장 빠른 정기인사에서 교체한다. 다만, 징계성이 아니라는 점을 감안하여 좋은 보직으로 발령한다.

둘째, 후임 부장은 관리부 내부 K 팀장을 승인 발령한다.

셋째, 지주 임원이 요구하는 직원을 부장으로 발령하는 것은 3년 뒤 지주와 자회사가 함께 개발한 시스템의 승인을 받기까지 유예한다.

이 세 가지 사안에 대하여 지주 임원이 수용함으로써 약 일 년에 걸친 논란은 일단락되었다.

예상대로 3년 뒤에 지주와 자회사가 함께 진행한 프로젝트는 승인을 받았다. 지주 임원과의 약속대로 3년 전에 내부 승진하였던 K 부장이 떠나게 되었지만, 이때에도 결국 내부 승진이 이루어졌다. 결국 지주 임원은 부장 교체에는 성공하였지만, 자신이 요구하였던 직원을 부장으로 세우는 것은 포기하게 되었다.

5. 협상의 구조분석과 사례의 교훈

1) 협상의 구조분석

이 사례는 지주와 자회사와의 주도권을 행사하는 과정에서 일어난 갈등의 내용, 협상과정과 해결내용을 잘 드러내고 있다. 갈등의 당사자와 갈등 구조는 단순하면서도 복잡하다. 갈등 당사자와 협상의 당사자가 다르다는 특징도 있다. 해결을 위하여 여러 당사자들이 직간접으로 연결되어 있어서 시간도 오래 걸릴 수밖에 없었다.
이 협상의 구조를 분석하면 다음과 같다.

표 2.3.1 갈등협상의 구조분석

구분	내　　용
제목	지주와 자회사 간 갈등협상 사례
갈등당사자	(직접당사자) 지주 임원, 자회사 인사부장 (간접당사자) 자회사 관리부장, 관리부 직원, 노동조합, 사업부서
갈등쟁점	자회사 관리부장을 지주 임원이 요청하는 직원으로 교체
갈등원인	-지주 임원: 자신의 영향력 확대를 위하여 필요한 직원 추천 -자회사 인사부: 관리부 직원들의 사기 저하, 업무량 증가와 이를 우려하는 노동조합의 요구
입장	-지주 임원: 자회사 관리부장 교체 -자회사 인사부: 프로젝트 승인을 위하여 인사이동 연기하고 후 임 부장 선임 협의
이해관계	-지주 임원: 자신의 영향력 확대 -자회사 인사부: 직원들의 불만을 수용하면서 실질적인 건설 입 장 견지
해결기법	-지주 임원에게 자회사 인사부의 지속적인 설득과 협의
해결조력	-자회사 노동조합

2) 사례의 교훈

이번 사례로 다음과 같은 교훈을 얻을 수 있다.

첫째, 지주의 업무추진은 될 수 있는 대로 장기적인 면에서 이루어져야
한다. 단기적으로 촉박하게 자신의 마음대로 직원을 교체하려고 하거나,
단시일 내에 자회사의 영업 방향을 변경하려고 한다면 반드시 저항이 있
을 수밖에 없다.

둘째, 지주 임직원은 일방적으로 자신의 입장을 관철시키려고 하지 말

고, 자회사 직원들과 소통을 원활하게 해야 한다. 이를 위해서는 노동조합을 포함한 자회사와의 인력 교류 및 협의가 중요하다.

셋째, 지주와 자회사는 체계적인 인사관리가 필요하다. 이를 위하여 지주의 인사담당 임원은 자회사 임원이 승진하여 담당하는 것도 좋은 방법이다. 그렇게 함으로써 지주 임원이 일방적으로 자회사의 인력을 교체하려고 하는 것에 제동을 걸기도 하고, 또 필요시에는 돕기도 할 수 있다.

이 사례는 지주회사와 핵심 자회사(AB 건설) 간의 발생할 수 있는 갈등의 일 단면을 보여준다. 지주회사와 핵심 자회사와의 갈등 양상은 일반적으로 누가 주도권을 갖는가에 놓여있다. 따라서 자회사에서 지주 임원으로 올라가는 경우에도 지주 회장과 사장과의 관계가 불편하면 이러한 불편한 사례가 얼마든지 발생할 수 있다.

지주 임원을 외부에서 영입한 경우에는 갈등이 더욱 심할 수밖에 없다. 외부에서 영입된 임직원일수록 조기에 성과에 대한 압박이 크기 때문이다. 지주 임원은 자회사를 신속하게 장악하고 싶고, 핵심 자회사는 모태회사로서의 자존심을 지키는 것과 지주의 통제에 적절하게 대응할 필요성이 상존하게 된다. 그러나 지주가 경영전략을 급변하는 경우 지주를 떠받치고 있는 자회사인 건설의 영업에 어려움을 줄 수도 있고, 결과적으로 지주의 목표 달성이 어려워질 수 있다는 점을 적극 고려해야 한다.

따라서 이런 점을 고려하여 제도적으로 지주와 자회사가 서로 윈윈할 수 있는 제도를 합의하여 만들어가는 것이 필요하다고 사료된다.

사례 4. 일직, 당직 근무제도 개편 협상 사례

1. 갈등의 배경

B 공장의 근로자들은 내년의 사업계획을 준비하느라 매우 분주하다. 설비 자동화 투자를 통한 효율화 및 비용 절감은 사업계획에서 중요한 부분이기 때문에 제조원가에 실질적인 개선 효과를 가져올 수 있는 계획을 마련하고 검증하느라 눈코 뜰 새 없이 바쁘다.

B 공장의 관리 팀장 K 도 사업계획에 기여할 수 있는 비용 절감 계획을 마련하기 위해 고민하던 중이었다. 마침 일직 근무와 당직 근무를 수행하는 사무직 근로자들의 불만을 접수하여 상담하는 과정에서 잘하면 일직 근무와 당직 근무 제도의 운용에 소요되는 연간 1억 원 정도의 비용을 개선할 수도 있겠다는 생각을 떠올리게 되었다.

표 2.4.1 일당직 근무의 개요

구분	내용
일직근무	토요일, 일요일, 공휴일 9:00~18:00에 공장 내 안전관리장소 2회 순찰 점검 및 비상 연락체계를 유지하는 근무(휴일 일직)
당직근무	매일 18:00 ~ 다음날 7:00에 공장 내 안전관리장소 2회 순찰 점검 및 비상 연락체계를 유지하는 근무 (평일 당직, 휴일 당직)

B 공장은 사무직 남자 직원을 대상으로 하여 순번제로 일직 근무와 당직 근무를 운영하고 있다. 여성 직원과 부장급 간부사원은 근무 편성에서 제외하고 있으며 근무실적에 대해서는 근무자의 일당에 법정 가산 수당(휴일근무수당, 야간근무수당)을 계산하여 보상하고 있다.

표 2.4.2 B 공장의 일직, 당직근무 운영 및 보상 기준

구분	내용
근무운영	사무직 남자 직원을 대상으로 순번제로 운영 (여자직원, 부장급 간부직원은 근무편성에서 제외)
보상	개인별 일당 기준으로 법정 가산수당 지급 (휴일근무수당, 야간근무수당)

관리 팀장 K는 B 공장 설립 때부터 꾸준히 운영되어 오던 일직 근무와 당직 근무에 대하여 사무직 근로자들의 불만이 눈에 띄게 증가한 것을 알고 있었다. 최근에 공식적으로 불만이 접수되어 몇몇 직원들과 면담하였고 파악된 불만 요인은 다음과 같다.

'휴일에 일직 근무가 편성되면 아까운 휴일을 제대로 사용하지 못하는 것이 싫습니다.'
'보통 45일에 한 번 근무가 편성되는데 연휴 기간에 근무가 편성되면 소중한 연휴를 제대로 보내지 못합니다.'
'당직 근무 다음날은 즉시 퇴근하게 되어 있지만 바쁜 상황 때문에 퇴근하지 못하고 정상 근무를 해야 하는 경우가 많습니다.'
'공장 내 안전관리장소를 2회 순찰해야 하는 것이 아주 힘듭니다. 한

번 순찰시 약 1시간 30분 정도가 소요되는데 제대로 순찰을 실시하고 나서 다음 날 오전에 퇴근하지 못하고 정상 근무를 해야 하는 경우에 체력적인 부담이 매우 큽니다.'

사무직 근로자들의 불만에 공감을 할 수 있었던 관리 팀장 K는 이 제도가 반드시 필요한 것인지 검토해 볼 필요가 있었다.

B 공장에서 일직근무와 당직근무가 계속해서 필요한 제도인지 판단하기 위하여 공장장, 생산 팀장, 정비 팀장, 본사 안전 팀장, 그리고 노조 위원장에게 의견을 구하였다.

이들 모두는 B 공장에서 비상 연락체계의 유지를 위하여 일직 근무와 당직 근무 제도가 필요하다는 일치된 의견을 제시하였다.

조금 우스운 이야기 같지만, 관리자들이 이처럼 일치된 의견을 제시하게 된 것에는 과거의 사건이 영향을 준 것 같다. 물론 다른 이유도 있었겠지만 20년도 더 지난 전설처럼 내려오는 이야기가 발단이 된 거 같다.

> 비가 아주 많이 내리던 여름철 어느 일요일에 S 회장님께서 D 공장에 전화하여 일직 근무자를 찾았다. 지금 비가 어느 정도 내리고 있는지, 공장 내 별다른 피해는 없는지 물어보았는데, 일직 근무자는 비가 발목까지 찰 정도로 내렸으나 빗물이 잘 빠져나가서 큰 문제가 없다고 잘 답변하였고 일직 근무자의 설명으로 상황을 잘 이해한 회장님은 별다른 말 없이 전화를 끊었다.

다음 날 D 공장 일직 근무자가 똑똑하더라는 칭찬을 남겼다고 한다. 이때부터 관리자들은 일직, 당직 근무자의 역할이 필요하다고 인식하게 된 것이다.

관리 팀장 K는 직원들과의 면담 결과와 이 제도가 계속해서 필요하다는 관리자들의 의견을 반영하기로 하였다. 이 제도를 없애는 것보다는 비용을 적게 부담하는 방법을 찾는 것이 좋겠다고 생각하였다.

가능한 방법을 고민하던 관리 팀장 K는 매주 근무계획에 편성되어 이미 회사에 출근하여 있는 '현장의 생산 반장' 및 '에너지 관리 담당'이 그 역할을 수행하면 가능할 것으로 판단하였다.

'생산 반장은 평일 야간에 반드시 근무하고 있어서 담당하고 있는 생산 라인을 포함하여 공장 내 안전관리장소 2회 순찰은 무리 없이 가능할 거야. 원래 담당하고 있는 생산 현장을 돌아다니면서 현장 업무를 챙기는 것이 그들의 업무 아니겠어?'

'휴일에는 근무가 편성되지 않는 경우가 많으니까 생산 반장이 담당하는 것은 적합하지 않은 것 같군.'

'에너지 담당은 평일과 휴일 모두 출근한다. 보일러, 전기, 공조, 냉동기의 모니터링 및 트러블 조치를 하는 것이 주요 업무이기 때문에 정상적인 운영상황에서는 휴일 일직근무와 당직근무가 충분히 가능할 거야.'

'노조 위원장 C가 동의해 주어야 제도변경이 가능한 상황이겠는걸.'

관리 팀장 K는 노조 위원장 C, 생산 반장들, 에너지 담당들의 동의를 얻어야만 했고, 노동조합 위원장 선거를 1년 앞둔 C의 심기를 건드려서 불편하게 만들게 되면 다른 여러 가지 사안으로 불똥이 튈지도 몰라서 염려되기도 하였다.

2. 갈등의 당사자와 쟁점

그러던 어느 날 갑자기 노조 위원장 C로부터 호출이 있었다. 그는 씩씩대면서 대뜸 K 팀장은 요새 뭐 하고 다니는 거냐고 물었다. 왜 사무직 근무자들로 편성되어 잘 운영되고 있는 일직 근무와 당직 근무를 생산 반장과 에너지 담당에게 떠넘기려고 하는 것이냐고 하면서 다짜고짜 질책하였다.

평상시 좋은 관계를 유지하고 있던 노조 위원장 C가 왜 이렇게 흥분해서 이야기하는지 이야기를 더 들어보았다. 관리 팀장 K가 제도개선을 위해 검토하였던 내용이 실무자를 통해 건너 건너 생산 반장들과 에너지 담당들이 알게 되었고, 이에 대한 불만이 노동조합에 접수된 것이었다.

그림 2.4.1 갈등 당사자

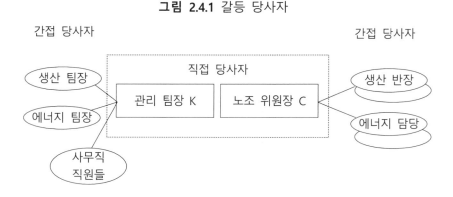

관리 팀장 K는 이미 일직 근무와 당직 근무 제도의 개선으로 합리적인 수준의 비용 축소를 진행하려고 마음먹고 있었고, 노조 위원장 C와의 불필요한 갈등 없이 해결하는 방법을 고민하던 중이었다. 그래서 어차피

겪어야 할 상황이라고 여기고 있었다. 아울러 다년간의 관계 경험으로 노조 위원장 C의 협상 스타일과 리더십을 잘 알고 있기 때문에 이번에는 그의 영향력 덕을 좀 보려고 하였다.

노조 위원장 C는 매년 사업계획 수립 시기에 관리자들이 비용 축소계획을 수립하느라 고생하는 것을 알고 있었기 때문에 합리적인 제도개선에는 반대하지 않는 편이었다. 이번에도 관리 팀장이 어떠한 계획을 준비하고 있는지 직접 들어보려고 살짝 엄포를 놓은 것이었다.

노조 위원장 C는 그동안 회사의 요구사항을 수용하면서도 근로자들에게 도움이 되는 제도를 개선해 온 경험이 많이 있었기 때문에 일단 생산 반장과 에너지 담당에게는 노조 위원장이 직접 알아보고 조치할 테니 별도의 이야기를 하기 전까지 기다려보라고 당부해 놓은 상태였다.

관리 팀장 K는 그동안 조사한 내용 중에 사무직 근로자들의 불만 내용과 내년도 사업계획에 반영할 비용축소계획이 필요해서 현장 생산 반장과 에너지 담당을 일직 근무와 당직 근무에 편성하는 방안을 검토하고 있었다는 사실을 노조 위원장 C에게 간략히 설명하였고 제도개선이 이루어질 수 있도록 도움을 청하였다. 노조 위원장 C도 다음 날 구체적으로 이야기해보자고 하였다.

3. 갈등 해결 및 협상 과정

1) 정보조사

관리 팀장 K는 다음과 같이 정보조사를 마친 상태이다. 조사된 정보의 내용은 **표 2.4.3** 정보조사 결과에 정리하였다. '일당직 근무에 수당으로 지급되는 연간 총금액', '직원들과의 면담 결과 의견 청취 내용', '고용노동부에서 검토하고 있는 근로시간 축소 정책에 따른 리스크 검토내용', '생산 반장과 에너지 담당의 근무 시간 내 여력 상황'이었고 '일당직 근무에 수당으로 지급 되는 연간 총금액'은 공개되지 않은 정보이다.

표 2.4.3 정보조사 결과

구분	정보조사 결과
일당직 근무수당 지급수준	연간 1억원 수준(비공개 정보)
근무에 편성되는 직원들 의견	가능하다면 일직, 당직 근무에 편성되고 싶지 않음
근무시간적용 법률검토	고용노동부에서 검토하고 있는 주52시간 근무제로 개편 시 일당직 근무시간이 근로자의 소정근로시간으로 반영될 가능성이 높으며, 그 결과 사무직 근로자가 평일 주간에 근무하게 될 시간이 줄어들게 되어 생산성이 악화될 우려가 있음
소정근로시간	법정 근로시간 범위 내에서 사용자와 근로자 사이에서 근로하기로 합의한 시간(209시간/월)
근무시간내 업무여력	생산반장, 에너지 담당은 기존 근무 시간 중에 일직, 당직 근무 때 수행해야 하는 순찰업무의 추가 운영 가능함

2) 대안의 개발과 협상

관리 팀장 K는 정보조사 결과를 참고로 예상되는 상황을 생각해 보았다. 생산 반장과 에너지 담당 직원들을 일당직 근무자로 운영하는 것에 대하여 노조 위원장 C의 동의를 얻어내기 위해서는 반드시 보상에 대한 합의가 있어야 할 것이다. 분명히 노조 위원장 C는 근무자의 일당을 기준으로 수당을 지급해야 한다고 할 것이다. 이렇게 되면 일직, 당직제도 근무 개편은 진행할 이유가 없어진다.

또한 근무 중에 추가적인 업무를 부담시키면 이들의 업무강도가 증가하게 되므로 가뜩이나 야간에 근무하는 것도 피곤한데 추가적으로 근로자의 몸에 무리를 주는 상황을 만들지 말아야 한다고 주장하며 노조위원장이 반대할 수도 있다. 그래서 관리 팀장 K는 일당직 근무자를 하루에 2명까지 운영하는 것을 떠올렸고 설득할 명분도 생기고 현실적으로 실행 가능한 대안이라고 생각하면서 협상을 시작하였다.

(1) 첫 번째 협상

첫 번째 협상에서 관리 팀장 K는 대안 A를 제시하였고, 노조 위원장 C는 대안 A′를 제시하였다. 관리 팀장 K는 일당직 근무 편성 인원으로 평일 야간에는 생산 반장 1명, 휴일 주간과 야간에는 에너지 담당 1명으로 운영하자고 하였다. 이미 근무에 편성되어 출근한 인원이므로 추가적인 보상은 근로시간이 증가되지 않는 상황이므로 지급할 명분이 없고, 일당직 근무자로서의 역할은 순찰 2회, 비상 연락망을 유지하는 것으로 충분하다고 추가로 설명하였다. 노조 위원장 C는 이미 주간 근무계획에 편성되어 출근한 인원이라고 해서 갑자기 추가적인 업무를 부여하는 것이 합리적인지, 그로 인해 생산 현장의 품질관리에 영향을 주지는 않을지 고려해야 한다고 주장하였다.

표 2.4.4 첫 번째 협상에서 제시된 최초 대안 (대안 A와 A′)

구분	관리 팀장 K (대안 A)	노조 위원장 C (대안 A′)
평일 당직	생산 반장 1명	생산 반장 1명
휴일 당직	에너지 담당 1명	사무직 1명
휴일 일직	에너지 담당 1명	사무직 1명
보상	없음	근무자 일당
역할	순찰 2회 비상 연락망 유지	관리자에게 상황 연결

노조 위원장은 품질과 안전을 최우선으로 한다는 회사에서 이렇게 운영한다면 경영방침에 역행하는 것 아니냐면서 강하게 어필하였다.

관리 팀장 K는 생산 반장과 에너지 담당의 본연의 업무 중에 공장 내 안전관리장소를 모니터링 하는 것이 포함되어 있으므로 결코 추가되는 업무라고 볼 수 없다. 또한 일당을 수당으로 지급하는 것은 이미 결정되어 있는 임금에 중복 지급하는 것과 다름이 없으므로 곤란하다고 주장하였다.

협상의 진전이 없자 관리 팀장 K는 일당직 근무를 두 명이 담당하는 것과 하루 근무에 10,000원의 보상 지급을 제안하였다. 일당직 근무를 두 명이 담당하면 안전관리장소 순찰 부담이 절반으로 감소하고 큰 부담이 되지 않을 것이라는 명분이었다.

관리 팀장 K는 10,000원의 보상을 지급하면 생산 반장은 한 달에 10일 정도 근무를 담당하게 되므로 매월 10만 원 정도의 보상을 받게 되는 것이므로 적은 금액이 아니라고 설명하였다.

노조 위원장 C는 평일 당직근무를 생산 반장 두 명이 담당하는 것에는 동의하였다. 그러나 회사에서 10,000원 정도의 적은 보상으로 제도를 바꾸려고 하는 것은 무리라고 주장하였다.

표 2.4.5 첫 번째 협상에서 제시된 두 번째 대안 (대안 B와 B')

구분	관리 팀장 K (대안 B)	노조 위원장 C (대안 B')
평일 당직	생산 반장 2명	생산 반장 1명
휴일 당직	에너지 담당 2명	사무직 1명
휴일 일직	에너지 담당 2명	사무직 1명
보상	10,000원/일	근무자 일당
역할	순찰 2회 비상 연락망 유지	관리자에게 상황 연결

이에 관리 팀장 K는 두 번째 협상에서 조금 더 많은 보상금액을 고려하 겠다고 이야기하였다. 대신에 휴일 일직, 당직근무에 에너지 담당이 편성 될 수 있도록 고려해 달라고 요청하였고 노조 위원장 C로부터 그렇게 하 겠다는 답변을 듣고 첫 번째 협상을 마쳤다.

(2) 두 번째 협상

두 번째 협상에서는 관리 팀장 K는 대안 C를 제시하였고 노조 위원장 C는 대안 C'를 제시하였다. 첫 번째 협상을 마치면서 관리 팀장 K는 사무 직 근로자를 일직근무와 당직근무에서 제외할 수 있는 동의를 얻어낼 수 있었기 때문에 일직 및 당직 수당의 지급을 합리적인 수준에서 논의 할 수 있는 상황을 확보하게 되었다.

표 2.4.6 두 번째 협상에서 제시된 대안 (대안 C와 C')

구분	관리 팀장 K (대안 C)	노조 위원장 C (대안 C')
평일 당직	생산 반장 2명	생산 반장 2명
휴일 당직	에너지 담당 2명	에너지 담당 2명
휴일 일직	에너지 담당 2명	에너지 담당 2명
보상	15,000원/일	50,000원/일
역할	순찰 2회 비상 연락망 유지	관리자에게 상황 연결

노조 위원장 C는 휴일 일직 근무와 당직 근무를 에너지 담당으로 편성하는 것은 동의하지만 하루 근무에 50,000원의 보상을 지급해야 한다고 주장하였다.

관리 팀장 K는 하루 50,000원의 수당을 지급하게 되면 다른 직무수당이 20,000원 내외인 것과 비교해 볼 때 많이 높은 수준이라고 설명하였다. 하지만 하루 근무에 15,000원을 지급하면 다른 수당에 영향을 줄 염려가 없는 수준이고 첫 번째 협상에서 제시했던 10,000원보다 50% 높은 금액이므로 적절하다고 주장하였다. 생각의 정리를 위하여 다음 주 월요일에 세 번째 협상을 진행하기로 하였다.

관리 팀장 K는 세 번째 협상을 시작하기 전에 생산 반장들의 분위기를 파악해 보았다.

생산 반장들은 사무직 근로자들이 일직근무와 당직근무에 대해 어느 정도의 불만을 갖고 있는지 이미 알고 있었다. 그렇기 때문에 회사가 제도변경을 결정하여 통보하는 것은 이미 정해진 결과라고 생각하고 있었고 제도변경을 받아들일 마음의 준비를 하는 분위기였다.

그나마 지금까지는 없었던 추가 수당이 신설되는 것이므로 금액과 관계없이 추가 수입이 생기는 것이니 다행이라고 여기고 있었다. 하지만 에너지 담당의 경우는 평일이 아닌 휴일에 근무하게 되는데 생산 반장들과 같은 수당을 적용한다는 것에 대해 불만이 있었다.

(3) 세 번째 협상

세 번째 협상에서는 관리 팀장 K는 대안 D를 제시하였고 노조 위원장 C는 대안 C′를 고수하였다.

표 2.4.7 세 번째 협상에서 제시된 대안 (대안 D와 C')

구분	관리 팀장 K (대안 D)	노조 위원장 C (대안 C')
평일 당직	생산 반장 2명	생산 반장 2명
휴일 당직	에너지 담당 2명	에너지 담당 2명
휴일 일직	에너지 담당 2명	에너지 담당 2명
보상(평일)	20,000원/일	50,000원/일
보상(휴일)	30,000원/일	
역할	순찰 2회 비상 연락망 유지	관리자에게 상황 연결

관리 팀장 K는 생산 반장에게는 하루 근무에 20,000원을 지급하고 휴일에 근무가 이루어지는 에너지 담당에게는 생산 반장에게 지급하는 20,000원보다 50% 가산된 30,000원을 지급하는 것으로 제시하였다.

이렇게 되면 생산 반장들의 경우는 주 10만 원, 월 20만 원 정도의 추가 수입이 발생한다는 점과 에너지 담당들의 경우는 생산 반장들보다 1.5배 많은 30,000원으로 운영하게 된다는 점을 강조하여 설명하였다.

일당직 근무 인원도 당초 1명이 아닌 2명으로 인원을 증가시킨 점, 순찰 2회와 비상 상황 발생시 비상 연락망을 유지하는 것이 어렵지 않은 점을 강조하여 합의에 이르게 되었다.

노조 위원장 C는 관리팀이 일직, 당직근무를 수행해야 하는 생산 반장들, 에너지 담당들에게 제도 개편의 배경과 개요를 잘 설명하고 어떠한 보상이 있게 되는지와 해야 할 역할에 대해서도 알기 쉽게 교육해 달라고 당부하였다.

4. 갈등협상 결과 및 합의

이 사례의 협상은 내년 사업계획에 반영하기 위하여 약 2주 동안 신속하게 진행되었으며 협상이 이루어진 장소는 노동조합 위원장이 가장 편안하게 느낄 수 있는 노동조합 위원장 집무실에서 진행되었다. 일당직 근무제도 개편 협상은 세 번째 협상에서 관리 팀장 K가 제시하였던 대안 D를 수용하는 것으로 합의가 이루어졌다.

합의 내용은 다음과 같다. 평일 당직은 생산 반장 2명으로 편성하고 1주일 연속으로 담당하며 당직 수당은 하루에 20,000원으로 한다. 당직 수당은 야간 가산 수당이 포함된 금액으로 한다. 휴일 일직, 휴일 당직은 에너지 담당 2명으로 편성하고 일당직 수당은 하루에 30,000원으로 한다. 수당은 휴일 및 야간 가산 수당이 포함된 금액으로 한다. 합의 내용에 기재한 가산 수당 표현은 근로기준법상 적절한 문장은 아니었으나 에너지 담당이 휴일에 근무하면서 받게 되는 수당 금액이 평일 당직 수당보다 1.5배 많다는 점을 강조하기 위해서 넣었다.

표 2.4.8 합의 결과

구분	합의 내용
평일 당직	생산 반장 2명으로 편성하고 1주일 연속으로 담당한다. 당직수당 2만원/일(야간 가산 수당이 포함된 금액으로 한다.)
휴일 일직 휴일 당직	에너지 담당 2명으로 편성한다. 일당직 수당 3만원/일(휴일 및 야간 가산 수당이 포함된 금액으로 한다.)

또한 이 사례에서는 네 번의 대안이 논의되었는데 일당직 수당과 일당직 근무 편성 인원에 대한 양보 과정을 통해서 합의에 도달하였다. 당사자 각각의 양보 패턴을 그래프를 통해 설명해 보면 다음과 같다.

일당직 수당의 경우 **그림 2.4.2** 일당직 수당 금액 협상 그래프에서 볼 수 있듯이 노조 위원장 C는 최초 제안을 근무자 일당(약 150,000원수준)으로 시작하여 50,000원을 유지하다가 휴일 일당직 수당 30,000원, 평일 당직 수당 20,000원으로 양보를 하였고, 관리 팀장 K는 최초 제안을 보상 없음으로 시작하여 10,000원, 15,000원을 제시한 후 휴일 일당직 수당 30,000원, 평일 당직 수당 20,000원으로 양보하였다.

그림 2.4.2 일당직 수당 금액 협상 그래프

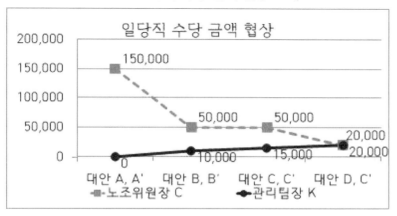

※ 휴일 일당직 수당 30,000원은 그래프에 표시하지 않았음

일당직 근무 인원 협상의 경우 **그림 2.4.3** 일당직 근무인원 협상 그래프에서 볼 수 있듯이 관리 팀장 K는 최초 제안을 평일 당직, 휴일 일당직 모두 1명씩 편성하는 것으로 시작하여 두 번째 대안에서 모두 2명씩 편성하는 것으로 양보하여 제안하였다. 노조 위원장 C는 최초 제안으로 평일 당직만 1명의 편성하고 휴일 일당직은 사무직 인원으로 운영하는 것으로 시작하였고 두 번째 대안까지 양보 없이 유지하다가 세 번째 대안에서 관리 팀장 K의 대안을 받아들이는 것으로 양보하였다.

그림 2.4.3 일당직 근무인원 협상 그래프

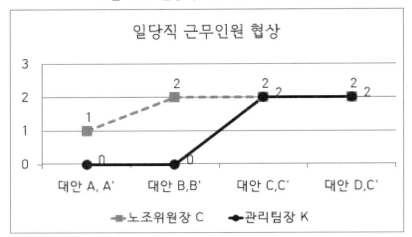

※ 대안 A′, B′의 평일 당직 1명은 그래프에 표시하지 않았고 휴일 일당직
　인원에 대한 양보 상황만 표시하였음

5. 갈등협상의 구조분석과 교훈

1) 갈등협상의 구조분석

갈등협상을 준비할 때 갈등 당사자, 갈등 쟁점, 원인, 갈등 당사자간의
입장, 이해관계를 잘 구분하여 상황을 판단하는 것은 협상을 진행하는데
있어서 매우 중요하다. 아픈 사람에 대해 의사의 올바른 진단이 있어야
병을 치료할 수 있는 것과 같은 이치라고 이해하면 된다. 협상이 마무리
된 후에도 어떠한 해결 기법이 적용되었으며 조력자는 있었는지, 핵심

교훈은 무엇인지를 정리하는 것은 이후의 협상에 큰 학습자료가 된다. 이 사례의 구조분석 내용을 다음과 같이 정리해 보았다. 세부적인 설명은 생략하고자 한다.

표 2.4.9 갈등협상의 구조분석 내용

구분	내용
갈등 당사자	\<직접 당사자\> 관리 팀장 K, 노조 위원장 C \<간접 당사자\> 사무직 직원, 생산 반장, 에너지 담당
갈등 쟁점	일당직 근무제도 변경
갈등 원인	생산 반장, 에너지 담당이 일당직 근무에 편성됨
입장	관리 팀장 K - 일당직 근무 편성, 추가 보상은 없음 노조 위원장 C - 평일 당직은 생산 반장으로 근무 편성에 동의 - 근무자의 개별 일당으로 보상
이해관계	관리 팀장 K - 이미 편성된 근무 도중에 담당구역 순찰 추가로 업무강도는 별 차이 없음 노조 위원장 C - 일은 늘어나는데 보상이 없는 것은 비합리적임
해결기법	근로자 대표인 노조위원장의 영향력을 활용하여 집단갈등으로 확산되지 않게 관리 좋은 관계를 활용 합리적인 양보 도출
해결조력	없음

그리고 직접 당사자의 협상이 경쟁적 협상의 타협으로 끝났는지 통합적 협상에서 윈윈(Win-Win)으로 진행되었는지를 확인하기 위해 **표 2.4.10**에서 제도 변경에 따른 간접 당사자들의 비용과 수익 변화로 분석해 보았다.

사무직 근로자들은 일당직 근무 의무 해제로 워라밸(Work-Life Balance)과 관련되었던 여러 가지 불만이 모두 해결되었으며, 생산 반장은 평일 당직 근무 의무가 추가되었지만 하루에 20,000원의 추가 수당을 받게 되었다. 한 달에 약 20만원 정도이므로 괜찮은 결과로 받아들여지고 있다. 에너지 담당은 휴일 일직, 휴일 당직 근무 의무가 추가되었지만 생산 반장보다 1.5배 많은 30,000원의 추가 수당을 받게 되어 별 문제 없이 변경된 제도가 운영되고 있다. 그러므로 이 사례는 양보를 통해 합의에 도달한 통합적 윈윈 협상의 진행으로 이해하는 것이 가능하다.

표 2.4.10 제도 변경에 따른 간접 당사자의 비용, 수익 비교

구분		현행 제도	변경 제도
사무직	비용	일당직 근무 의무	일당직 근무 의무 해제
	수익	일당직 수당	워라밸 향상
생산 반장	비용	해당 없음	평일 당직 근무 의무
	수익		일당직 수당 (2만원/일)
에너지 담당	비용	해당 없음	휴일 일직, 당직 근무 의무
	수익		일당직 수당 (3만원/일)

2) 협상의 교훈

① 협상은 결정권이 있는 사람과 진행해야 한다.

내가 하지 않아도 되었던 일을 새롭게 해야만 하는 상황이 되면 부담을 갖게 되는 것은 누구나 마찬가지일 것이다. 누군가의 상황이 편해지면 다른 누군가는 그렇지 못한 상황을 마주하게 되기도 한다.

이번 일직 근무와 당직 근무 제도의 개편과정은 이미 존재하고 있었던 사무직 근로자들의 갈등을 해결해야 했고, 새롭게 업무를 부여받게 되는 생산 반장들과 에너지 담당들의 부담으로 인해 회사를 상대로 하는 집단 갈등으로 확대될 우려도 있었던 과정이었다.

자칫 다수의 인원이 감정적인 문제로 집단적 입장을 취할 수도 있는 상황을 근로자들의 대표이자 협상 결정권이 있는 노조 위원장 C와의 좋은 관계를 활용하여 비정기 협상으로 진행하여 집단갈등으로 확산되지 않도록 관리한 사례였다.

② 사전 정보조사와 대안의 준비는 정말 중요하다.

관리 팀장 K는 협상이 시작되기 전에 일직, 당직 수당의 지급 규모, 사무직 근로자들의 구체적인 불만요인, 법적인 근로시간제도의 변화 인지, 생산 반장들 및 에너지 담당들의 근무 여력 파악 등의 조사를 하였다. 이러한 사전 정보조사는 협상 과정에서 대안 개발 및 설득에 긍정적인 영향을 주었다.

협상에 임하는 관리 팀장 K가 기술자격 수당, 직무수당 등 별도로 운영되고 있는 수당의 규모가 어느 정도인지 이미 숙지하고 있었기 때문에 노조 위원장 C가 대안 B에서 요구한 보상 5만 원이라는 금액에 대응할 수 있는 논리를 만들 수 있었고, 무리 없이 양보를 얻어내는 것이 가능하였다.

③ 좋은 관계는 두고두고 재산이다.

노조 위원장 C의 오랜 협상 경험과 리더십을 활용할 수 있었던 좋은 관계가 이번 사례에서 가장 중요한 것이었다고 해도 과언이 아니다. 왜냐하면 다수의 인원이 집단적인 불만을 표현하며 갈등이 확산 될 수 있었음에도 평소에 좋은 관계를 맺고 있던 관리 팀장 K의 입장을 경청하면서 회사가 제도변경을 해야만 하는 상황을 이해해 주었기 때문이다.

당사자 모두는 이번 협상을 협력적으로 마무리하게 됨으로써 좋은 관계를 유지할 수 있었고, 이주일(二週日)라고 하는 아주 짧은 기간에 이루어진 협상이었지만 논점에서 벗어나지 않고 좋은 결과를 도출할 수 있었던 것이 좋은 관계의 효과라고 할 수 있다. 관계를 관리하는 노력이 중요함을 잊지 말고 실천해야 한다.

부록 2.4.1 협상에 사용된 대안 모아보기

구분	대안의 내용
대안 A	평일 당직 : 생산 반장 1명 휴일 당직 : 에너지 담당 1명 휴일 일직 : 에너지 담당 1명 보상 : 없음(이미 근무 중이므로 중복 지급임) 역할 : 순찰 2회, 비상 연락망 유지
대안 B	평일 당직 : 생산 반장 2명 휴일 당직 : 에너지 담당 2명 휴일 일직 : 에너지 담당 2명 보상 : 10,000원/일 역할 : 순찰 2회, 비상 연락망 유지
대안 C	평일 당직 : 생산 반장 2명 휴일 당직 : 에너지 담당 2명 휴일 일직 : 에너지 담당 2명 보상 : 15,000원/일 역할 : 순찰 2회, 비상 연락망 유지
대안 D	평일 당직 : 생산 반장 2명 휴일 당직 : 에너지 담당 2명 휴일 일직 : 에너지 담당 2명 보상 : 평일 당직 20,000원/일, 휴일 30,000원/일 역할 : 순찰 2회, 비상 연락망 유지

부록 2.4.2 노조위원장 C가 사용한 대안 A' ~ 대안 C'

구분	대안의 내용
대안 A'	평일 당직 : 생산 반장 1명 휴일 당직 : 사무직 1명 휴일 일직 : 사무직 1명 보상 : 근무자 일당 역할 : 순찰 2회, 관리자에게 상황 연결
대안 B'	평일 당직 : 생산 반장 2명 휴일 당직 : 사무직 1명 휴일 일직 : 사무직 1명 보상 : 50,000원/일 역할 : 순찰 2회, 관리자에게 상황 연결
대안 C'	평일 당직 : 생산 반장 2명 휴일 당직 : 에너지 담당 2명 휴일 일직 : 에너지 담당 2명 보상 : 50,000원/일 역할 : 순찰 2회, 관리자에게 상황 연결

사례 5. 냉장고 제조판매 부서갈등 협상 사례

1. 협상의 배경과 필요성

SF 전자회사는 가전업계에서 20년간 착실하게 발전해온 견실한 중견기업이다. SF 전자회사의 대표 Y 사장은 대기업에서 냉장고 제조기술업자로 40대 중반에 명퇴하고 나와 SS 전자라는 작은 전자부품회사를 차렸다. 초기에는 사원 100명도 되지 않은 가전제품 부품회사로 출발했지만 2000년대 초중반 경제회복기에 성장하여 250명 규모로 확장하고 소형냉장고를 자체브랜드로 제작하기 시작하였다. 회사명도 SS 전자 대신 SF 전자로 바꾸고 부품회사에서 완성제품회사로 변신하였다. 2008년에는 경제위기가 덮쳐 어려움도 겪었지만 2010년부터 소형 뿐 아니라 중형냉장고도 생산하기 시작하며 생산라인을 증설하고 생산직 사원도 배로 늘려 500명의 규모로 발전하였다.

소형과 중형냉장고의 탄탄한 기술을 바탕으로 2015년에는 업소용 대형냉장고를 만들어 업소에 공급하는 판매전략을 세워 어느 정도 성공하였다. 기업규모도 800명으로 증원하여 업계에서도 중견업체로 알려지기 시작하였다. 2020년에 냉장고의 꽃이라 할 수 있는 가정용 대형 양문형냉장고에 도전하였다. 기술적으로는 이미 대형냉장고를 만들 수 있는 실력을 갖추어 있는데 대기업들이 치열한 경쟁을 하는 부문이라 시장에서 얼마나 고객을 확보할 수 있을지 확신할 수는 없다. 기업규모도 1000명으로 성장하고 연구개발부문과 마케팅부문 인력도 상당히 확충하였다. 이제 SF 전자는 전사적 관리시스템을 도입하여 연구개발팀의 설계와 기술개발, 생산조립팀의 핵심부품 제조와 주변부품 구매 및 조립, 판매마케팅팀의 마케팅전략과 판매관리를 유기적으로 결합한 안정된 최신 전자회사로서의 면모를 갖추었다. 드디어 AI 신기술을 장착한 SF 뉴론(Neuron)냉장고라는 브랜드를 붙여서 젊은 층을 겨냥하여 저렴한 가격으로 출시하였다.

그림 2.5.1 SF 뉴론냉장고

이번에 출시한 SF 뉴론냉장고는 냉장고의 기술발전을 모두 반영한 최신식이고 디자인 면에서도 깔끔하고 고급스러워 연구개발팀이 스스로 자부심을 느낄 만한 역작이라고 자평하고 있었다. 회사의 명운을 건 한판 승부를 시장에서 겨루는 긴장된 순간이기도 하다. 문제는 실제로 기존의 대기업 제품을 제치고 시장점유율을 잠식할 수 있느냐이다.

조직 내 갈등의 발단은 뉴론냉장고가 출시된 후 2개월의 판매실적 보고를 하면서 생산조립팀 A 팀장과 판매마케팅팀 B 팀장 간에 있었던 논쟁과 다툼에서 시작되었다. 출시 첫 달은 홍보와 고객유치 차원에서 매출이 저조할 수 있지만 2개월째에는 목표물량을 어느 정도 따라가야 하는데 실적은 전혀 그렇지 못했다는 것이다.

그림 2.5.2 SF 뉴론냉장고 판매실적

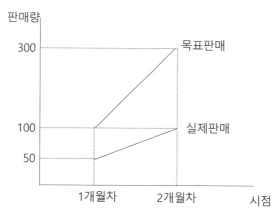

그림 2.5.2에서 보듯이 회사의 판매 목표는 1개월째에 100대로 낮추어 잡고 2개월째에 300대로 잡았지만 실제로는 1개월째에 50대이고 2개월째에는 100대에 불과하였다. 판매마케팅팀의 B 팀장이 판매현장의 고객 반응을 종합하여 보고하면서 고객들이 SF 전자의 신형냉장고를 들러보다가도 결국 기존의 대기업 냉장고로 발걸음을 돌리는 경우가 많다는 것이다. B 팀장은 자사 제품의 품질과 성능이 대기업의 제품보다 못하다고 생각하는 듯하다고 자평하였다.

이를 듣고 있던 A 팀장은 자사 핵심부품은 최고의 기술로 만들어졌고 협력업체 부품의 품질도 오래 동안 인정된 것이라고 강변하며 성능도 인간의 신경구조를 접목한 획기적인 신제품이라고 주장하였다. 이에 한술 더 떠서 A 팀장은 판매마케팅이 세태변화에 맞추어 혁신해야하는데 과거식에 머물러 있어서 판매가 저조한 것으로 보인다고 판매마케팅팀을 비판하였다. 그러자 B 팀장이 흥분하여 전국적 판매망도 구축하기엔 인력이 역부족이고 전 팀원을 동원하여 밤낮 마케팅활동을 하고 있는 판매마케팅팀을 무시하고 의도적으로 깎아내리려는 저의가 있다며 핏대를 올렸다. 결국 K 본부장이 나서서 양 팀장을 제지시켰고 Y 사장은 다음 회의에서 K 본부장이 책임을 지고 대책방안들을 제출하도록 지시하고 회의를 종료시켰다.

2. 협상준비

생산조립팀과 판매마케팅팀 간의 갈등은 요즘 실적평가에 의한 연봉결정 때문에 자기 부서의 저조한 실적에 민감하기 때문에 발생했지만 양 팀장이 승진에 라이벌로서 상호 경쟁심이 발동했기 때문에 발생하는 측면도 있다. 새로 출시된 S 뉴런 냉장고의 매출저조문제에 대해 대책방안을 각 팀이 마련하기는 할 테지만 두 부서가 갈등관계를 해소하고 협력할 수 있는 특단의 대책이 마련되지 않으면 이것은 회사의 명운이 걸린 정도로 중차대한 문제이다.

K 본부장은 매출저조 문제를 둘러싼 부서갈등은 세 가지 차원에서 접근해야 할 복잡한 구조를 가지고 있음을 보았다. 먼저 회사의 냉장고 매출저조 문제를 회사차원에서 공동으로 해결해야 하는 목표를 세워야 한다. 매출저조의 문제는 해당 팀장들만의 문제가 아니라 모든 직원들과 회사

의 문제여서 전사적 차원에서 해법이 나와야 한다.

그 다음 생산조립팀과 판매마케팅팀이 매출저조의 원인을 둘러싼 소모적 경쟁과 반목을 해소해야할 부서차원에서 해결방안을 모색해야 한다. 일반적으로 기업에서 문제가 발생하면 자기 부서의 책임은 회피하려고 하고 다른 부서의 탓으로 돌리는 부서갈등이 나타나기 일쑤이다. 그래서 조직에서는 부서이기주의(silo)가 흔히 발생하게 되는데 부서간 소모적 경쟁을 방치해두지 않아야 한다.

마지막으로 양 팀의 A, B 팀장이 승진을 앞두고 있어서 개인적 차원에서 경쟁심과 긴장을 해소해야 한다. 부서의 실적과 성과는 인사고과에 반영되고 그것은 또한 승진을 앞두고 있는 두 팀장에게 큰 영향을 미칠 수 있다. 양 팀장의 경쟁심과 긴장은 자칫 본질적 문제해결이 아니라 책임회피에 집중하여 회사에 큰 손실을 줄 수도 있다.

위와 같이 K 본부장은 매출저조 문제를 해결하기 위해 3가지 차원에서 접근방법을 정리하고 실천방안을 모색하였다. 먼저 회사차원의 냉장고 매출증진 대책은 양 팀장이 대책을 마련하여 1주일 후 다음 간부회의에서 K 본부장이 발표하기로 하였다. 각 팀이 바라보는 문제점과 해결방안을 제안하는 과제를 작성하여 제출하도록 K 본부장이 양 팀장에게 지시하였다.

문제는 생산조립팀과 판매마케팅팀의 갈등인데 조직의 문제 뿐 아니라 개인의 문제가 혼합되어 있어서 풀어내기가 쉽지 않다. 조직의 문제는 양 팀이 합동으로 대책을 마련하여 함께 매출저조 문제를 해결함으로써 해소될 수 있다. 그래서 회사차원 매출증진 대책을 준비하면서 부서갈등을 해소할 목표도 달성될 것으로 계획을 세웠다. K본부장은 각자 과제를 제출하면 결합하고 조정하여 매출증진 대책을 마련하면서 동시에 부서간 갈등도 해결한다는 전략을 세워 두었다.

이제 두 팀장 간 개인적 갈등은 어떻게 다루어야 할지 고민이다. 부서의 실적과 그에 따른 부서장과 부서원의 인사고과에 반영하는 것은 회사의 기본 평가구조인데 각자 경쟁적으로 실적을 올리기 위한 과정에서 나타나는 갈등을 문제로 봐야할 것인가도 불확실하다. 다만 승진을 앞두고 있는 두 팀장의 지나친 경쟁과 적대감은 회사에 역효과로 나타날 수 있어서 팀장 간 화해하고 관계를 개선하고 협력과 선의의 경쟁을 주문할 필요는 있다.

표 2.5.1 S뉴론 냉장고 매출저조 수준별 갈등해결 전략

수준	갈등내용	갈등해결전략	본부장 역할
전사적 문제해결	냉장고 매출저조 문제	회사차원의 냉장고 매출증진 대책	뉴론냉장고 매출 TF 조직 및 운영
부서간 갈등	냉장고 매출저조 책임소재 갈등	전사적 대책 마련으로 개별 책임소재 불문	각 팀에게 과제 제출 요구
개인간 갈등	상대방 비판으로 감정악화	적대적 감정 회복과 관계개선	개인 간 대화와 관계개선 비용 지원

3. 협상과정

먼저 K 본부장이 양 팀장과의 회의에서 회사차원에서 냉장고 매출증대 대책은 좀 더 심도 있는 조사와 협의를 통해 도출되어야 할 것이라 강조하고 양 팀장도 그 의견에 공감하였다. 차기 간부회의에서 K 본부장은 출시 후 초기 고객의 반응을 조사해야 하고, 냉장고 설계와 디자인 상에서 의도하였던 혁신적 변화가 구현된 점이 홍보에 잘 반영되어야 하고, 타사제품에 비해 품질의 장점이 무엇인지 품질테스트와 평가도 실시하여 활용해야 하는 점 등을 고려하여 뉴론냉장고매출TF를 조직할 필요가 있다는 제안을 하였다. 이 대책안은 약간의 토론이 있었지만 거의 원안대로 확정하고 TF조직 구성도 사장의 재가를 받았다. TF장은 K본부장이 맡고 생산조립팀장, 판매마케팅팀장, 연구개발팀장이 멤버로 참여하여 거의 전사적 모습을 갖추었다.

생산조립팀과 판매마케팅팀의 부서 간 갈등을 해결하기 위해 K 본부장은 별도로 양 팀장을 불렀다. 판매마케팅팀 B 팀장은 이번 뉴론냉장고 매출의 저조 문제가 모두 자기 팀 탓으로 모는 분위기가 너무 억울하고 참기 힘들다고 하였다. B 팀장은 팀의 부족한 인원에 야근하면서 일을 하고 있는데 냉장고의 품질, 성능, 가격 등 핵심 사항들에 더 큰 이유가 있다고 본다는 입장은 변함이 없다는 것이다. 생산조립팀 A 팀장도 설계와 디자인대로 제품을 생산하고 조립하여 완성시키고 있어서 성능과 디자인 면에서 타사 제품에 비교하여 절대로 뒤지지 않는다고 하며 하자율이나 반품률이 업계평균보다 낮을 것으로 확신한다고 주장하였다.

K 본부장은 각 팀이 자기 부서의 관점과 실적위주의 경쟁에 매몰되지 말고 회사차원에서 문제를 보도록 요청하였다. 생산조립팀은 부품과 성능의 우수성이 어디에 있는지 자세하게 설명하여 홍보전략에 활용하도록 준비하겠다고 하여 다음 뉴론냉장고매출TF회의에서 발표하도록 결정하였다. 마찬가지로 판매마케팅팀은 품질평가와 소비자 반응도 조사의 결과를 만들어 품질과 성능 보고서를 만들어 발표하겠다고 하여 수용되었다. 다만 B 팀장은 판매마케팅팀의 조직과 인원이 부족한 부분은 해결해 줄 것을 요청하여 임원회의에서 본부장이 건의해보겠다고 하였다.

A 팀장과 B 팀장 간의 개인적 갈등문제는 회사나 조직이 해결해 줄 수 없는 부분이지만 분명 조직효율성에는 영향을 미치는 문제라 K 본부

장은 이번 기회에 두 사람이 화해할 수 있도록 해야겠다고 작정하였다. 그래서 두 팀장만 서로 만나 개인적으로 대화를 하도록 하고 그 결과를 자기에 알려주도록 요청하였다. 대신 두 사람의 대화에 필요한 경비는 본부장의 업무추진비에서 다 부담하겠다고 하였다.

A 팀장과 B 팀장은 사실 둘 다 우수한 성적으로 입사한 동기생이다. 회사로서는 미래 경영을 맡을 인재로 키워야 할 팀장들이다. 서로 승진의 경쟁심이 지나치게 발동하여 비난하고 갈등하고 반목하는 경향이 있지만 동기로서 친분이 있기도 하다. 자발적인 만남은 아니지만 회사를 위해 두 사람의 갈등해결과 화해를 주문한 본부장의 지시 아닌 요청을 존중하여 금요일 퇴근 길에 이웃 동네의 가끔씩 가는 호프치킨집에서 만났다. 조금 서먹하긴 했지만 그래도 동기생으로서 친분이 있어서 반갑게 마주 앉았다. 치킨 한 마리와 500cc 생맥주 두 잔을 주문하여 오래 만에 둘이서 만나 반갑다며 이런저런 이야기로 대화분위기를 만들어갔다.

본부장의 주문사항도 있어서 먼저 B팀장이 지난번 간부회의 때에 화를 내고 생산조립팀을 비난해서 미안하다고 사과하였다. 그러자 A 팀장도 자기도 판매마케팅팀을 심하게 매출저조 책임을 몰아가서 미안하다고 사과하였다. 각자 열심히 자기 팀을 잘 관리하고 팀원들도 열심히 일하는데 상대방 비난에 열 올리는 것은 바람직하지 못하다고 공감을 하였다. 두 팀장 모두 회사에서 인정하고 있는 엘리트인데 장래 같이 회사를 이끌어 가기 위해 서로 협력하는 것이 더 필요하다고 의기투합까지 하였다. 앞으로 서로 애로사항이 있으면 동기로서 도와주기로 하고 함께 회사를 키워 가자고 하이파이브를 했다. 어느새 세 시간 가까이 시간이 지나고 생맥주도 각각 세 잔이나 더 시켜 상당히 취기가 올라 있었다. 호프치킨집을 나설 때 두 사람은 어깨동무를 하고 비틀거리며 2차 가자고 포차집을 찾고 있었다.

4. 합의사항

 SF 전자회사의 신형 뉴론냉장고의 매출저조와 관련한 생산조립팀과 판매마케팅팀의 부서 간 갈등이 다양한 차원에서 해결되었다. 먼저 회사 차원에서 매출증대 방안으로는 다음의 합의를 하였다.

- 뉴론냉장고매출TF를 조직하고 TF장은 K 본부장이 맡고 생산조립팀장, 판매마케팅팀장, 연구개발팀장이 멤버로 참여한다.
- TF회의를 통해 매출증대방안을 도출하여 간부회의에서 발표하고 최종 결정하여 시행한다.

 생산조립팀과 판매마케팅팀의 부서 간 갈등의 조직차원에서 해결방안 으로 다음의 합의를 하였다.

- 생산조립팀은 부품과 성능의 우수성을 자세하게 설명하여 홍보전략에 활용하도록 준비한다.
- 판매마케팅팀은 품질평가와 소비자 반응도 조사의 결과를 만들어 품질과 성능 보고서를 만들어 발표하도록 준비한다.
- 이들 보고는 다음 뉴론냉장고매출TF회의에서 발표하도록 결정한다.
- 판매마케팅팀의 조직과 인원 보충을 위한 건의를 K 본부장이 임원회의에서 건의할 것이라고 결정한다.

 마지막으로 생산조립팀 A 팀장과 판매마케팅팀 B 팀장 간 개인적 갈등 을 해결하도록 K 본부장이 요청하여 해결한 점을 보면 다음과 같다.

- 서로 상대 팀을 비난하고 화를 낸 점에 대해 사과한다.
- 서로 상대 팀을 비난하지 않고 애로 사항을 돕고 서로 협력할 수 있도록 노력한다.
- 미래 회사를 이끌어가고 회사발전을 위해 함께 노력한다.

5. 사례의 구조분석과 교훈

1) 사례의 구조분석

표 2.5.2 냉장고 제조판매 부서갈등의 구조분석

항목	갈등구조
갈등당사자	- 생산조립팀장 - 판매마케팅팀장
갈등쟁점	매출저조원인
갈등원인	서로 상대방의 탓으로 비판
입장	- 마케팅 혁신 - 품질과 성능 개선
이해관계	연봉결정과 승진경쟁에서 유리
해결기법	- 매출저조 공동해결 - 개인갈등 대화화해
해결조력	본부장리더십, 조정

본 사례의 구조를 분석한 내용은 **표 2.5.2**에 요약되어 있다. 갈등당사자는 생산조립팀장과 판매마케팅팀장이고 갈등쟁점은 냉장고의 매출저조 원인이다. 갈등원인은 냉장고 매출저조를 서로 상대방의 탓으로 돌리며 비판하는 것으로 파악된다. 생산조립팀 A 팀장의 입장은 마케팅 혁신을 해야 한다는데 반해 판매마케팅 B 팀장의 입장은 제품의 품질과 성능을 개선해야 한다는 것이다. 두 팀장의 이해관계는 연봉결정과 승진경쟁에서 유리하게 적용되는 것으로 동일하다. 갈등의 해결기법으로는 전사차원에서 매출저조 공동해결과 개인차원에서 상호 대화와 화해가 사용되

었다. 갈등해결에 기여한 조력자는 K 본부장이고 그의 리더십과 조정기법이 주효하였다.

2) 사례의 교훈

조직 내 갈등을 다룰 때에는 양면성이 있다. 직위 간, 부서 간, 직렬 간. 담당업무 간 갈등은 당연히 공식적으로, 조직적으로 해결하도록 해야 한다. 그런데 이러한 갈등은 동시에 해당 위치에 있는 사람들 간의 갈등으로 나타나서 개인갈등의 측면에서 해결해야 한다.

이 사례도 SF 전자가 최근에 출시한 신형 휴론냉장고의 매출저조가 왜 발생했는지에 대해 부서 간 갈등으로 나타났는데 조직차원에서 문제를 다루었지만 당사자들 개인 간의 갈등을 다루었다는 점을 보여주고 있다.

조직차원에서 갈등을 해결할 때에는 기업의 공통적인 목표를 두고 이해관계가 동일함을 강조하고 공동의 문제를 해결하도록 구조를 만들어야 한다. 휴론냉장고의 매출저조도 누구의 귀책사유가 되는지를 논쟁하는 소모적 갈등에서 매출증대를 위한 다양한 대안들을 만들고 공동으로 해법을 찾아내도록 한 점이 매우 효과적이었다.

부서 간 갈등은 부서이기주의에 매몰되어 상대팀을 깎아내리려는 적대적 경쟁에서 벗어나 기업공동 목표를 향해 서로 시너지를 높일 수 있는 협력적 마인드와 행동이 필요함을 K본부장이 잘 이끌었던 점이 돋보인다. 그래서 부서 간 갈등은 담당자들끼리 해결하기가 쉽지 않고 그 상위의 직책을 맡고 있는 간부가 조정과 촉진역할을 수행하는 것이 효과적임을 알 수 있다.

부서 간 갈등이 기계적으로 나타나는 것이 아니라 불안전한 인간에 의해 촉발되기 때문에 개인적 차원에서 갈등을 해결할 수 있도록 노력해야 한다. 여기에서는 K 본부장이 A 팀장과 B 팀장 사이에 끼어들지는 않았지만 화해할 수 있도록 촉진하고 지원한 매우 중요한 역할을 했다.

이 사례에서 협상의 주요 목표는 신형 뉴론냉장고의 매출저조라는 문제를 해결하는 쟁점의 측면과 두 팀장의 인간적 갈등을 해결하는 관계의 측면을 모두 포함하고 있음을 인지해야 한다.

사례 6. 의료기기구매 부서갈등 협상 사례

1. 협상의 배경과 필요성

S 병원은 S 시에 있는 중소규모의 개인종합병원이다. S 병원에서 심장내과의 전문의로 일하는 K 박사는 10년 동안 일하면서 심장질환에 대한 수많은 수술을 집도하였고 권위 있는 전문의사로 정평이 나 있다. 그 명성을 듣고 최근 환자들이 몰려들어 입원실이 부족할 지경이다.

이번 주에 심장질환자가 갑자기 다섯 명이나 입원해서 카데터의 재고가 아슬아슬한 상황이 되고 있다. 카데터(Catheter)는 심장마비에 혈관을 관통시키는 고가의 장비인데 오늘 금요일 오전 재고량을 확인해 보니 6개밖에 남지 않았다. 이번 주말과 다음 주초에 사용할 카데터가 어쩌면 이 6개로는 부족할 수 있다는 우려가 생겼다.

지난 수요일에 심장내과에서 카데터를 50개 주문하였는데 금요일인 오늘까지 자재과로부터 아무런 소식이 없다. 어제부터 K 박사가 독촉을 했는데도 자재과의 L 과장은 난색을 표하고 있다. 의료장비 구매 규정에 의하면 장비의 재고량이 5개 이하여야 추가 구매가 가능하다. 금요일 현재 카데터 재고가 6개이어서 5개 이하로 내려가는 시점에 구매를 넣을 수 있다고 한다.

자재과의 구매보류를 듣고는 K 박사는 화가 나서 L 과장에게 전화로 따지면서 주말과 다음 주에 카데터가 부족해서 의료사고가 나면 책임질 거냐며 화를 내었다. K 박사는 원래 실력이 있는 만큼 자존심도 강해서 옳다고 생각하는 것이 되지 않으면 참을성 없고 불같이 화를 내곤 한다.

그림 1.6.1 중심정맥관 (Central Venus Catheter)의 삽입

카테터(catheter)는 의료용 소재를 이용, 압출 성형하여 만든 얇은 관으로 의학 분야에서 다양한 기능으로 쓰이고 있다. 카테터는 병을 다루거나 수술을 할 때 인체에 삽입하는 의료용 기구이다. 재료나 만드는 방식에 따라 심혈관, 비뇨기과, 위장, 신경 혈관, 안과 등 다양한 분야에서 응용이 가능하다.

(중심정맥 카데타 모양)

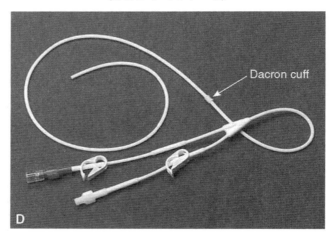

(중심정맥 카데타의 삽입)

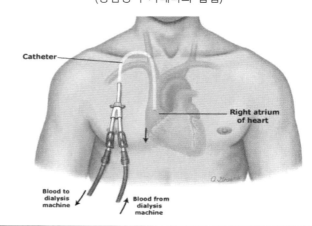

L 과장도 순간 욱하는 마음이 생겼으나 같이 싸울 수는 없는 상황이라 가능한 감정을 자제하면서 병원규정을 잘 지키는 것이 자재과의 의무라는 점을 이해해달라고 대답하였다. 그리고 L 과장은 지금은 카데터 재고가 6개라서 5개 이하로 내려가는 다음 주에 바로 주문에 들어가겠다고 달래었다. K 박사는 전화로 되지 않을 거 같고 대책을 마련해서 카데터를 어떻게 해서든 마련해야 하겠다는 생각하며 전화를 끊었다.

2. 갈등의 증폭

K 박사는 일단 화를 누르고 방법을 강구하기 위해 여러 가지 고심을 해보았다. K 박사는 동조세력이나 도움을 얻기 위해 중앙보급소장에게 전화를 해서 급한 상황인데 자재과에서 규정만 따지고 앉았다며 방법이 없겠냐고 물어보았지만 소장도 중앙보급소는 규정에 의해 주문을 결정하고 의약품을 보관, 관리하는 기능을 하는 것이라며 자재과에 다시 요청하라고만 하였다. K 박사는 환자들의 위급한 상황을 고려하지도 않은 행정규칙에 대해 불만을 토로하고는 전화를 끊었다.

K 박사는 다시 행정관리를 총괄하는 행정부장에게 전화를 걸어서 상황을 설명하고 심장과의 위급한 요청을 자재과에서 협조하지 않는다며 불평을 늘어놓았다. 행정부장은 K 박사를 별로 좋아하지 않은데다 이렇게 전화로 따지듯 불평을 하는 K 박사의 말과 태도가 마음이 들지 않았다. 그러나 따지고 흥분하며 불평을 잘 하는 K 박사를 상대로 더 이상 말하고 싶지 않아서 그냥 알아보겠다고만 하고 손님이 와 있으니 나중에 다시 말하자며 전화를 끊었다.

L 과장은 K 박사와 한바탕 하고 난 다음 기분이 별로라서 커피를 진하게 타서 의자에 기대 앉아 애청곡인 차이콥스키의 백조의 호수를 듣고 있는데 행정부장에게서 전화가 왔다. 예감이 안 좋았던 대로 행정부장이 K 박사의 카데터 구매 관련해서 거품을 물며 불평을 하던데 무슨 말이냐며 자재과장에게 되물었다. L 과장은 K 박사가 행정부장까지 전화해서 쑤셔대는 행태가 몹시 기분이 나빴다. 그래도 L 과장은 잘되었다 싶어 전후사정을 설명한 후 규정을 위반하면서 카데터를 주문할 수 없는데 자꾸 무리하게 요구한다며 행정부장이 좀 제지를 시켜달라고 역으로 요청을 하였다. 행정부장이 직급으로는 K 박사보다 높긴 해도 진료부의 전문의를 함부로 대할 수는 없는 병원의 문화가 있는 것을 알고 일단 상황을 주시하기로 하였다.

그림 2.6.2 의료기기 구매 절차와 규정

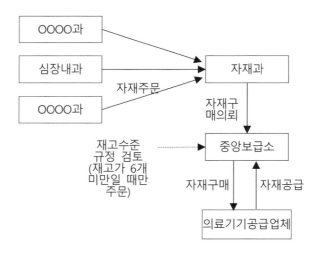

K 박사는 행정을 담당하는 실무부서에게 말해서는 통하지 않는다며 원장실로 찾아갔다. 비서실장의 말로는 원장은 오전에 의료경영학회에 갔다며 오후 5시쯤 들어온다고는 하셨는데 혹 못 들어오실 수도 있다고 한다. 벌써 점심시간이 되어 심장과 동료 의사들과 식사를 같이 하면서 카데터 문제를 어떻게 해야 할 지 의논하였다. 원장을 통해 해결하는 방법이 빠를 거 같긴 한데 원장이 안 들어올 수도 있고 시간이 촉박하여 심장내과 직원들과 같이 다른 방법을 찾아봐야 할 거 같다고 이야기만 나누었다.

3. 협상의 준비

K 박사는 점심식사하면서 동료 의사들과 대화도 도움이 되어 사무실로 돌아왔을 때는 마음이 좀 차분해졌고 새로운 방법을 모색해야겠다고 생각했다. 화를 내고 자재과와 행정부를 닦달한다고 해서 해결될 문제가 아니고 원장도 없는 상황에서 조직 내부 갈등을 슬기롭게 해결해서 카데터를 확보할 수 있는 방법을 찾는 일에 집중하였다. 우선 협상결과는 자재과의 규정을 준수하는 조건에서 카데터를 확보할 수 있는 해결방안을 목표로 하였다. 같은 병원 내에서 부서간의 관계도 중요하고 병원 전체가 잘되는 것이 중요하기 때문에 심장내과의 입장만 충족하는 경쟁전략이 아니라 자재과도 재고규정을 준수할 수 있는 협력전략을 선택하고자 하였다.

K 박사는 심장내과 직원을 총 동원해서 병원 규정, 구매관련 정보, 심장환자의 수술과 입원통계, 카데터 공급업체 등 관련 정보를 충분히 수집하도록 지시하였다. 그리고 병원 상황을 잘 아는 중견 전문의를 시켜 협상이 전개될 다양한 시나리오를 작성해서 준비해 보도록 하였다. 오전에는

좀 화가 나서 전화로 언성을 높였지만 차분하게 문제해결에 집중해보기로 하였다.

수집된 관련 정보를 바탕으로 K 박사가 무엇이 문제인지, 무엇으로 해결할 수 있는지를 찾으려고 노력하였다. 문제점과 서로 다른 입장은 이제 분명하게 이해가 되는데 어떻게 풀어나가야 할지는 아직 자신이 없었다.

그림 2.6.3 카데터 구매 갈등 구조

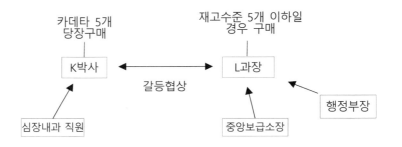

수집한 정보에 의해 협상의 쟁점, 입장 및 이해관계를 정리해보면 다음과 같다.

ㅇ 갈등 당사자

직접당사자: 심장내과의 K 박사와 자재과의 L 과장

간접당사자: 중앙보급소장, 행정부장, 원장, 심장내과 직원

ㅇ 갈등 쟁점

카데터 6개뿐이라 심장내과에서 구매신청을 했으나 중앙보급소에서 재고수준규정에 의한 보류결정으로 자재과에서 구매 보류

ㅇ 입장

심장내과: 당장 구매

자재과: 보류, 다음 주 구매

ㅇ 이해관계

심장내과: 혈관환자 치료 위해 재고확보

자재과: 재고수준규칙 준수(재고수준 한계, 즉 5개 이하로 될 때까지 구매보류)

4. 협상 과정

K 박사는 충분한 정보수집과 협상준비를 한 후 오후에 L 과장을 찾아갔다. L 과장은 기분이 상해 있는 상태인데 갑자기 K 박사가 심장과 직원 한 명과 같이 사무실을 찾아온데 대해 매우 당황스럽고 곤혹감도 느꼈다. 그래서 L 과장은 지금 바쁘니 나중에 오시라며 두 사람을 못 오게 하였다. K 박사는 카데터문제 해결에 더 이상 시간이 없어서 물러설 수 없었다. K 박사는 대화를 위해 사과부터 해야겠다는 생각을 하고 오전에 전화로 언성을 높이고 화를 내서 미안하다는 말부터 하였다. 어떤 쟁점을 해결하기 전에 서로 감정이 상해 있다면 협상이 진행되기 어렵기 때문에 상한 감정을 풀어주는 것이 급선무라 판단하였다.

L 과장은 기분이 내키지는 않은데 K 박사가 사과를 하고 긴급한 문제라고 하니 소파에 앉게 하여 생수를 한 병씩 내어 대접을 하였다. 다시 K 박사가 원장도 오늘 오지 않은 상태인데 카데터를 우리 선에서 해결해야 할 상황이라 좀 도와달라고 하였다. L 과장도 수술관련 중요한 기구의 충분한 확보를 염려하는 마음을 이해한다고 응답하면서 자기도 돕고는 싶은데 병원 규정이 그러하니 규정을 위반하면서 돕기가 어렵다는 말을 하였다.

서로 대화하는 분위기가 잡힌 것으로 보고 K 박사는 자재과가 재고수준 규정을 위반하지 않으면서 심장내과가 카데터를 추가로 5개라도 우선 확보하는 방법이 없을지 좀 의논하고 싶다고 L 과정에게 솔직하게 말하였다. L 과장도 자재과의 구매관련 규정만 생각하면 규정대로 일하고 다른 신경을 쓰고 싶지 않지만 K 박사가 직접 찾아와서 협의하는 점을 좋게 생각하여 심장내과의 관심사항을 이해하고 함께 문제를 해결하는데 도움을 주겠다고 응답하였다.

이렇게 해서 이번 주말과 다음 초에 카데터가 추가로 급히 필요할 수도 있어서 인근 관계가 좋은 병원과 카데터 공급업체의 사정 등을 알아보는 방법을 제시해 보았다. 이러한 방법이 효과적이지 못하다면 내부 긴급품의를 하여 원장 결재를 받으면 주말이나 월요일에 납품을 받을 수도 있어서 그 방법도 고려하였다. 긴급품의 방법은 현재 원장이 출타중이라 오후 늦게라도 오지 못하면 긴급하게 연락하여 방법을 강구해보자고 하였다.

두 사람은 여러 가지 옵션을 다음과 같이 정리하였다.

1) 병원 내 해결방법

심장내과에서 규정의 예외적인 상황을 적시한 긴급품위로 원장의 직접 결재를 받아내는 방법

2) 병원 외 해결방법

    가. 인근 병원에서 카데터를 차용하는 방법

    나. 의료용품 공급업체로부터 카데터를 차용하는 방법

이 단기적 임시방법 외에 장기적으로 규정을 현실에 맞도록 개정하거나 응급의료용품이라도 긴급납품 받는 체계를 마련하는 것을 별도로 협의하기로 하였다.

5. 합의사항

K 박사와 L 과장은 개발한 옵션들을 평가하고 병원과 의료용품공급업체에 전화하여 현실성을 파악한 결과 다음과 같은 합의안에 도출하였다.

- S 병원의 심장내과는 M 메디컬상사로부터 카데터를 5개 급히 차용하는 것으로 하고 다음 주에 50개의 카데터를 공식 구매할 때 5개를 상환한다.
  단, 공식적으로는 차용과 상환이지만 다음주 50개 구매 시 5개를 공제하고 나머지 45개를 공급받는 형식이다.
- 더불어 긴급 시의 응급의료용품의 선 납품 후 구매를 위한 의료용품 공급업체와의 계약을 체결하는 제도를 도입하기 위한 방안을 마련하는데 심장내과와 자재과가 서로 협력하기로 한다.
- 재고관리규정을 현실에 맞도록 개정하기 위해 재고관리규정 개정을 건의하고 이에 필요한 자료조사 등에 협력하기로 한다.

조직 내의 문제해결을 위한 협상이었기에 문서로 합의서를 작성할 필요는 없었고 다만 진행상황을 원장에게 우선 구두로 보고하고 다음 주 주간업무 보고시간에 자재과에서 해당사항을 보고하기로 하였다.

6. 갈등협상의 구조분석과 교훈

1) 갈등협상의 구조분석

본 사례의 구조를 분석한 내용은 **표 2.6.1**에 요약되어 있다. 갈등당사자는 심장내과 전문의와 자재과 과장이고 갈등쟁점은 카데터 추가 확보이다. 갈등원인은 카데터를 추가로 구매할 수 있는지 여부이다. 그래서 입장에서 의견차이가 선명하게 나타나는데 심장내과 전문의 K 박사는 당장 카데터를 추가로 구매해 달라는 입장이고 자재과 L 과장은 재고수준규정에 부합하는 다음 주에 구매가 가능하다는 입장이다.

표 2.6.1 의료기기 구매 부서갈등의 구조분석

항목	갈등구조
갈등당사자	-심장내과 전문의 -자재과 과장
갈등쟁점	카데터 추가 확보
갈등원인	카데터 추가 구매
입장	-당장 추가 구매 -다음주 구매 가능
이해관계	-주말응급환자 대비 -재고수준규정 준수
해결기법	-사과와 감정 회복 -상호협력으로 카데터 차용 해법
해결조력	-심장내과 직원들

　두 부서의 이해관계도 역시 완전 다른데 심장내과는 주말 응급환자에 대비하기 위해 카데터가 필요하다는 이유인데 반해 자재과는 재고수준규정을 어기면서 구매할 수 없어서 현재는 카데터를 주문할 수 없다는 이유를 제시한다. 갈등의 해결기법으로는 아쉬운 사람인 K 박사가 L 과장에게 막말을 한 점을 사과하여 감정을 회복하였던 감정 솔루션과 상호협력으로 카데터를 차용하여 임시적으로 해결하는 창조적 솔루션을 선택하였다. 이렇게 해결방법을 도출하도록 하는데 조력한 사람들은 심장내과의 동료 의사들과 직원들이었다.

2) 사례의 교훈

부서 간의 갈등은 조직갈등의 주요항목 중 하나이다. 조직의 부서들이 다른 부서와 소통하지 않고 내부의 이익만을 추구하는 부서 간 이기주의 현상으로 사용되는 사일로(silo)는 조직의 비효율성을 만들어 내는 대표적인 조직갈등 현상이다.

만약에 심장내과와 자재과가 자신의 이익과 입장에만 매몰되어 서로 자존심 대결이나 비난으로 일관할 경우 문제를 풀지 못하고 두 부서 간의 관계도 악화될 것이다. 심장내과 K 박사가 적극적으로 문제를 풀기 위해 자재과 L 과장을 방문하여 언성 높여 화낸 점을 사과한 것이 매우 주효하였다. 그리고 서로 협력해서 좋은 방법을 구상해내고 실현가능성을 확인해보는 노력으로 양 부서가 원원하는 방안을 찾을 수 있었다.

회사나 조직의 발전은 각 부서와 직원들 간의 소모적인 경쟁이나 부서이기주의에서 벗어나 소통하고 문제해결하고 협력하는 자세를 가지는 조직문화로부터 가능할 것이다.

사례 7. 생산 반장과 정비 반장 간 갈등해결 사례

A 식품 B 공장은 50년이 넘는 역사를 갖고 있다. B 공장은 20여 개의 장수 브랜드 제품이 소비자들로부터 꾸준하게 사랑 받는 A 식품의 주력 공장이어서 직원들의 자부심이 대단하다.

최근에 A 식품은 획기적인 구조조정을 통해서 정체된 국내시장 상황을 극복하기 위한 경쟁력을 확보하고자 공장의 통폐합 및 재배치 계획을 준비하는 중이다. 그 동안 계속 있어 왔던 일이기도 하지만 B 공장 노후 설비의 운영과 관련하여 생산팀과 정비팀의 현장 조직에서 갈등이 빈번하게 발생하고 있다.

1. 갈등의 배경

1) B 공장 조직구성

A 식품 B 공장에는 350명의 근로자가 근무하고 있다. 생산팀이 250명, 정비팀이 60명, 품질관리와 지원업무를 담당하는 관리팀이 40명으로 구성되어 있다. 생산팀은 사무실 근무 10명, 생산 현장 근무 240명으로 운영되며 생산 현장은 8명의 생산 반장이 각 30명 정도의 생산 오퍼레이터를 관리하고 있다.

정비팀은 사무실 근무 10명, 에너지 담당 17명, 정비 기술자 33명으로 운영되며 제품 라인의 종류에 따라 C1, C2, C3 라인 정비반으로 구분하여 3명의 정비 반장이 각 10명 정도의 정비기술자를 관리하고 있다.

24시간 연속 생산이 이루어지는 B 공장의 특성상 주간에는 정비 반장 1명과 5명의 정비기술자가 근무하고 야간에는 4명의 정비기술자가 근무하도록 편성하고 있다. 토요일에 생산이 있는 경우에는 주 52시간 근무 제한으로 인해 2명에서 3명 정도만 근무 편성이 가능하다.

그림 2.7.1 A 식품 B 공장 조직도

	A 식품 B 공장 조직도		
＊직원수 : 350명		**공장장**	
	생산팀	**정비팀**	**관리팀**
	사무실 10명 생산현장 240명	사무실 10명 에너지 담당 17명 정비기술자 33명	품질관리 25명 지원업무 15명
	생산반	**정비반**	
C1 라인	반장 1명, 생산OP 87명	반장 1명, 정비기술자10명	C1라인 정비반 근무편성 - 주간 : 반장, 정비기술자 5명
C2 라인	반장 1명, 생산OP 87명	반장 1명, 정비기술자10명	- 야간 : 정비기술자 4명
C3 라인	반장 1명, 생산OP 58명	반장 1명, 정비기술자10명	- 토요일 근무 : 2~3명 수준

※ 생산OP : 생산설비를 작동하여 제품의 성형, 포장업무를 수행하는 현장작업인원

2) B 공장의 경영상황

B 공장은 최근 2년 동안 회사 설립 이후 처음으로 경험하고 있는 매출 감소의 영향으로 제조원가가 상승하고 있어서 공장장과 관리자들의 고민이 이만저만이 아니다. 오랜 기간의 운영 경험으로 어지간한 생산 목표는 여유 있게 달성하던 B 공장이었지만 지난 1년 동안은 생산목표량을 겨우 달성하는 수준으로 운영되고 있다. 성력화(省力化, elimination of labor)[19]가 지속적으로 진행되어 생산 현장에는 기계 설비가 예전보다 더욱 많이 운영되고 있다. 현장 관리자들은 부여된 목표는 반드시 달성하고 추가 생산 계획이 내려오면 반드시 달성하기 위한 현장 운영을 해야 한다고 셀 수도 없이 교육받았다.

공장은 소품종 대량생산을 통해 규모의 경제(economies of scale)[20] 효과를 누릴 수 있을 때 효율적인 운영이 가능한데 요즈음은 소비자들의 요구에 충족하기 위하여 다품종 소량생산을 기본 계획으로 운영하는 일이 꽤 많아졌다.

대부분의 기계 설비가 그렇지만 연속 가동되는 도중에 기계 설비 트러블이 발생하는 경우는 많지 않다. 품목이 변경되어 포장재를 바꾸어야 할 때에 기계 설비를 중단시키고 재가동을 하는 과정에서 세팅 값이 허용 범위를 벗어나게 되면 트러블 발생으로 이어지는 경우가 많이 있다. 또한 원료의 물성이 다른 배합으로 교체하여 운영하게 될 때 트러블이 발생하기도 한다.

C1 라인 생산 반장과 정비 반장은 8월 생산 회의에서 물량을 차질 없이 공급하기 위하여 9월 생산 목표를 반드시 달성하겠다는 결의서에 서명하였다. 각자 관리하는 근로자들에게 매일 근무 시작 전에 최선을 다해 줄 것을 지시하고 있다. 또한 회사의 안전경영방침에 따라 작업안전수칙을 철저히 준수하고 위험한 상황이 발생하면 작업을 중지해야 한다는 지침

도 강조하고 있다.

　최근에 A 식품은 국내 공장 재배치를 통해 생산구조를 대폭 개선하여 경쟁력을 강화하는 계획을 검토하고 있다. 언론에도 이미 소개된 바 있어서 A 식품에서 가장 오래된 B 공장이 없어질지도 모른다는 소문이 이미 파다하게 퍼져 있다. 공장 인근 주민들도 언제 B 공장이 없어지는지 묻기도 한다. 현장 근로자들 사이에서는 생산 목표가 잘 달성되면 공장이 유지될 수 있을지도 모른다는 소문이 퍼져 있다.

3) B 공장 정비반과 생산반의 갈등

　그 해 9월 어느 날 C1 라인 생산 반장 K는 배합 기계의 트러블과 포장 기계의 트러블이 순차적으로 발생하여 정비 반장 M에게 정비 기술자를 호출해 달라는 요청을 하였다. 안타까운 일이지만 포장 기계의 트러블은 매일 한두 차례는 겪어야 하는 일상이 된 지 오래다.

　오늘은 배합 기계의 트러블에 3명의 정비 기술자가 먼저 배치되어 조치하는 중이다. 나머지 2명을 신속하게 보내달라고 정비 반장 M에게 요청하였다. 30분이 지나도록 정비 기술자는 나타나지 않고 있다. 생산 오퍼레이터들도 포장 작업이 이루어지지 못해 답답한 마음에 애가 타는 모습이다.

　요즘 계속되는 기계 설비 트러블의 조치 지연이 빈번하여 생산 오퍼레이터들은 몹시 화가 나 있다. 기계 설비 트러블 발생 시에 바로 조치되지 않아서 겨우 생산 목표를 맞추는 일상이 계속되고 있다. 퇴근 시간 바로 전까지 포장 기계의 청소를 바쁘게 해야 하는 상황이 더욱 힘들게 느껴지기 때문이다.

　토요일에 생산이 있는 경우에 기계 설비 트러블이 발생하면 평일보다 더욱 조치가 늦어지는 것이 당연시되고 있어서 생산반이 이야기 꺼내 봐야 정비 반장이나 정비 기술자들에게 본전도 못 건진다.

C1 라인 정비 반장 M은 생산 반장 K의 요청을 받고 머리가 복잡했다. C2 라인 정비 반장 P가 급하게 요청하여 정비 기술자 2명을 C2 라인에 지원을 보내 놓은 상황이어서 지금부터 최소한 1시간은 지나야 포장 기계의 트러블 조치가 가능할 수 있기 때문이었다.

그림 2.7.2 기계 설비 트러블 발생 및 정비기술자 투입 상황 #1

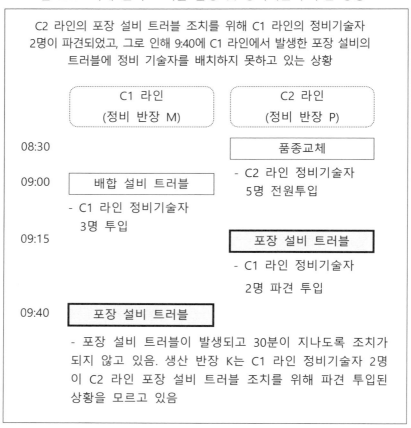

답답한 마음에 정비 반장 M은 생산 반장 K에게 다음과 같이 말했다. "기계 설비의 트러블이 너무 많이 발생하는 것도 문제이지만, 간단한 트러블은 생산 오퍼레이터가 직접 조치를 할 수 있는 수준입니다. 그렇게 어렵지 않아요." "정비기술자가 오기만을 기다릴 것이 아니라 생산 오퍼레이터나 생산 반장도 기본적인 정비 방법만 익히면 간단한 기계 설비 트러블은 스스로 해결할 수 있어요."

그림 2.7.3 기계 설비 트러블 발생 및 정비기술자 투입 상황 #2

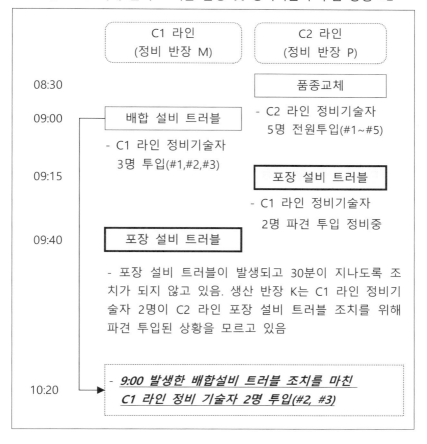

생산반은 정비를 잘 마쳐도 고마워하기는커녕 늦게 왔다고 툴툴거리기만 하니 정비 기술자들이 친절하게 대응할 리가 만무하다. 그래서 매번 생산 목표를 반드시 달성해야만 성과급도 받을 수 있다면서 기계 설비의 트러블 조치에 신속하게 대응해 달라고 하는 생산반의 요구도 정비반에게는 공감이 되지 않는다고 한다.

다행히 먼저 진행되었던 배합 기계의 트러블 조치가 일찍 완료되어 정비기술자 3명(#1, #2, #3) 중 2명의 정비 기술자(#2, #3)가 포장 기계의 트러블 조치에 투입되어 상황은 마무리가 되었다. 생산 반장 K는 생산 팀장과 공장장에게 정비팀의 비협조적인 업무처리 때문에 생산 목표 달성에 상당한 차질이 있다고 보고하겠다고 씩씩거리고 있다.

2. 갈등의 당사자와 쟁점

이 사례에는 갈등 당사자와 조력자가 등장한다. 직접 갈등 당사자는 C1 라인 생산 반장 K와 C1 라인 정비 반장 M이며, 간접 갈등 당사자는 생산 오퍼레이터들과 정비기술자들이다. 조력자는 관리 팀장 C와 C2 라인 정비 반장 P이다.

생산 반장 K와 정비 반장 M은 힘들었던 오늘 하루가 몹시 원망스러웠다. 이 상황을 잘 알고 있던 C2 라인 정비 반장 P는 미안한 마음에 자신이 소주 한 잔 사겠다며 두 명을 함께 초대하였다. 생산 반장 K는 내키지 않았지만 한참 선배인 C2 라인 정비 반장 P의 호의를 거절할 수 없어서 초대에 응하였다. 소주 한잔하면서 C2 라인 정비 반장 P는 급한 트러블 조치 때문에 자신이 C1 라인 정비 반장 M에게 도움을 요청했었고 그로 인해 C1 라인 포장 기계의 정비에 차질이 있었다고 들었다며 본의 아니게 미안하다고 사과하였다.

P의 이야기를 듣고 나서 생산 반장 K는 오늘의 상황이 이해는 되었지만, 정비 반장 M의 업무처리가 마음에 들지 않았다. 오늘 벌어진 일에 대해서 정비 반장 M은 정확한 설명도 없었고, 사과도 하지 않아서 더 이상 이야기하고 싶은 마음이 없어 먹는 둥 마는 둥 자리를 마무리하고 귀가하였다.

다음 날이 되자 생산 반장 K는 정비 반장 M에게 회의를 요청하였고 정비 반장 M이 사과하는 말을 먼저 시작하였다.

"어제의 상황은 어쩔 수 없는 상황이었으니 이해 바랍니다."

사과는 했으나 M은 약간 변명조로 말을 이어갔다.

"나는 공장의 문제를 해결하기 위해 최선을 다해서 노력했어요. C1 라인에서 동시에 트러블이 발생할 것을 예상하지 못했는데 최대한 빨리 조치할 수 있어서 다행이었다고 생각합니다."

그렇지 않아도 따져 물어볼 참이었던 생산 반장 K는 퉁명스럽게 물었다.

그림 2.7.4 갈등 당사자와 조력자 관계도

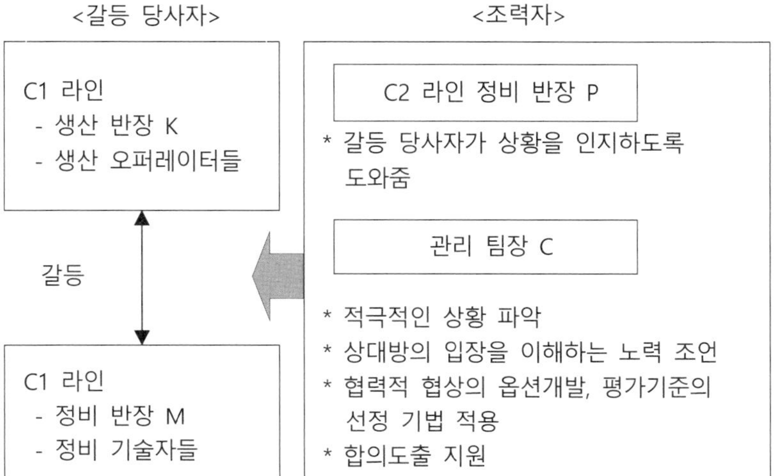

"C1 라인의 정비를 위해 업무를 수행해야 하는 정비 기술자들이 필요한 때에 다른 곳에 가 있는 것이 정상입니까? 공장의 최우선 순위를 각자 담당하고 있는 생산 라인이 정상적으로 운영되어 목표를 달성하는 것에 두어야 하는 것 아닌가요?"

정비 반장 M은 생산 반장 K의 말이 맞기는 하지만 공장 전체의 상황을 함께 고려하는 것도 중요하며, 만약 정비팀장과 생산 팀장이 C2 라인에 지원 보내는 것을 동의하고 지시했다면 그때에도 이렇게 이야기할 것이냐고 물었다.

생산 반장 K는 당신이 팀장이 아닌데 왜 팀장이 지시한 것처럼 이야기하느냐고 이야기하였고, 정비 반장 M은 어제의 상황을 공장장과 팀장들이 알았다면 당연히 C2 라인에 지원하라고 지시했을 것이라고 대답하였다. 그리고 왜 당신이라고 이야기하냐고 따져 물었다. 나이도 어린 사람이 당신이라고 부르는 것은 무슨 태도냐고 언성을 높이며 대꾸하고 회의실을 나가버렸다.

이 상황을 본 관리 팀장 C는 무슨 일인지 생산 반장 K에게 물었고, 상황을 듣고 나서 K와 M을 각각 찾아가서 서로 간의 상황이 서로 달라 감정이 상한 것일 수 있으니 서로를 이해해 볼 수 있도록 노력해 보면 좋겠다는 조언을 한다. 관리 팀장 C는 협상에 관심을 갖고 협상전문가 자격을 보유한 관리자이다.

3. 갈등 해결 및 협상 과정

퇴근하고 집에 온 생산 반장 K는 오늘도 기분이 영 좋지 못하다. 정비 반장 M과 좋은 관계로 지내왔었고, 가끔 다투기는 했었지만, 오늘처럼 언성을 높이며 먼저 가버리는 경우는 처음이었기 때문이다. 관리 팀장 C의 조언을 떠올렸다.

정비 반장 M은 평소 공장 전체를 위한 업무라면 본인이 손해를 보는 일이 있어도 흔쾌히 양보하거나 일을 도맡아서 하는 경우가 많이 있었다. 어제의 일도 정비 반장 M의 업무처리 방식과 일관성이 있었다. 이렇게 관계가 나빠지면 안 되니 정비 반장 M에게 사과하고 좋은 방법을 찾아보자고 이야기하려고 한다.

그림 2.7.5 첫 번째 갈등해결 시도

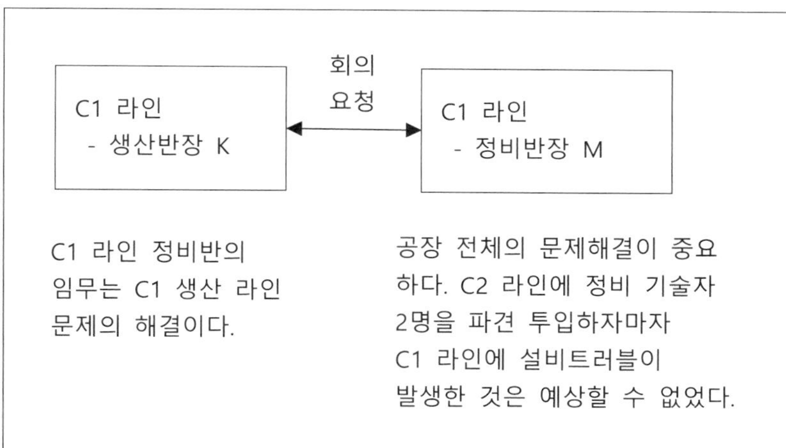

C1 라인
- 생산반장 K

회의
요청

C1 라인
- 정비반장 M

C1 라인 정비반의
임무는 C1 생산 라인
문제의 해결이다.

공장 전체의 문제해결이 중요
하다. C2 라인에 정비 기술자
2명을 파견 투입하자마자
C1 라인에 설비트러블이
발생한 것은 예상할 수 없었다.

정비 반장 M도 생산 반장 K의 태도를 떠올려 보았다. 평소에 그런 식으로 이야기하는 사람이 아닌데 왠지 모르게 감정이 격해져서 선후배 간의 예의도 잊어버린 것 같다. 퇴근하기 전에 관리 팀장 C가 찾아와서 조언해 준 것도 있고 하니 시간이 되면 생산 반장 K와 다시 이야기해 보려고 한다. 아무리 생각해도 정비기술자들이 투입되어야 하는 상황이 너무 많다.

지금의 인원으로는 같은 상황이 계속 반복될 수밖에 없는데 뾰족한 방법이 떠오르지 않는다.

다음 날 관리 팀장 C가 정비 반장 M과 생산 반장 K를 함께 호출하여 회의실에 모였다. 관리 팀장 C의 말이 어떻게 자리를 만들지 고민하던 M과 K 두 당사자의 마음을 잘 헤아려 준다. 두 사람은 서로 지난 일들에 대해 사과를 하고 나서 관리하는 근로자들과의 관계에서 취해야 하는 행동이 어렵다는 상황에 공감하였다. 이런 상황을 계속 두어서는 안 되겠다는데 의견이 일치하였다.

관리 팀장 C는 협상기법 중에 협력적 협상 방법 중 '옵션 개발'이라는 절차가 있다고 일러주면서 공장에서 빈번하게 발생하고 있는 정비기술자 투입 관련한 문제 상황을 개선하는 데 필요한 방안을 각자 종이에 적어보라고 하였다.

정비 반장 M은 다음 네 가지를 적었다. 첫째, 공장 전체의 효율성을 위해 다른 라인의 문제 발생 시 지원하는 것을 인정한다. 둘째, 정비가 마무리되면 정비기술자에게 고맙다는 표현을 한다. 셋째, 기본적인 정비는 생산 오퍼레이터도 배워서 조치한다. 넷째, 아무리 화가 나도 상대방에 대해 예의를 갖춘다.

생산 반장 K는 다음 세 가지를 적었다. 첫째, 어떤 경우에도 C1 라인의 정비를 최우선으로 한다. 둘째, 정비 반장은 정비기술자의 준비 상황을 솔직하게 알려주어야 한다. 셋째, 정비기술자는 정비를 마무리한 후 어떤 상황으로 인해 트러블이 발생한 것이고 어떠한 방식으로 조치를 한 것인지 설명을 해 주어야 한다.

관리 팀장 C는 두 명의 당사자가 적은 옵션에 대해 원칙에 벗어나는 일이 아닌지, 실행 가능한지 두 가지의 기준으로 이야기를 진행해 보자고 제안하였다. 생산 반장 K는 '기본적인 정비는 생산 오퍼레이터들도 배워서 조치한다.'라는 의견을 실행할 수 있을지가 의문이라고 대답하였고 정비 반장 M은 '어떤 경우에도 C1 라인의 정비를 최우선으로 한다.'라는 생산 반장 K의 의견은 공장 전체의 문제해결이 우선이라는 자신의 원칙을 깰 수 없을 뿐만 아니라 실제로 약속할 수 있는 조건이 아닌 것 같다고 대답하였다.

표 2.7.1 갈등 당사자의 옵션 개발 및 평가 기준의 적용

	각자가 생각한 개선하기 위한 방안	원칙준수		실행가능	
		M	K	M	K
정비반장 M	공장 전체의 효율성을 위해 다른 라인의 문제 발생 시 지원하는 것을 인정한다.	O	O	O	O
	정비가 마무리되면 정비기술자에게 고맙다는 표현을 한다.	O	O	O	O
	기본적인 정비는 생산 오퍼레이터들도 배워서 조치한다.	O	O	O	△
	아무리 화가 나도 상대방에 대해 예의를 갖춘다.	O	O	O	O
생산반장 K	어떤 경우에도 C1 라인의 정비를 최우선으로 한다.	△	O	△	O
	정비 반장은 정비기술자의 준비 상황을 솔직하게 알려주어야 한다.	O	O	O	O
	정비기술자는 정비를 마무리한 후 어떤 상황으로 인해 설비트러블이 발생한 것이고 어떠한 방식으로 조치를 한 것인지 설명해주어야 한다.	O	O	O	O

관리 팀장 C는 생산 반장 K에게 '어떤 경우에도 C1 라인의 정비를 최우선으로 한다.' 보다 조금 더 양보한 수준의 추가적인 의견을 생각해 보자는 조언을 하였고, 그는 '다른 라인의 정비에 지원을 가 있더라도 C1 라인의 요청을 받으면 즉시 인원을 나누어 최소한 1명이라도 신속하게 투입해 주어야 한다.'라는 의견을 추가하자고 하였다. 정비 반장 M은 흔쾌히 동의 하였다.

정비 반장 M은 생산 오퍼레이터들이 배워서 적용할 수 있는 수준의 기술은 그다지 어렵지 않다고 이야기하였으나, 생산 반장 K는 여전히 잘 수긍이 되지 않았다. 관리 팀장 C는 오늘 회의는 이 정도에서 마무리하고 다음 주 월요일에 다시 이야기해 보자고 한 후 회의를 마쳤다.

4. 갈등협상 결과 및 합의

다음 주 월요일 10:00 정비 반장 M, 생산 반장 K, 관리 팀장 C는 함께 회의실에 모여서 지난주에 있었던 회의를 이어서 진행하였다.

회의 시작과 동시에 관리 팀장 C는 생산 오퍼레이터들이 기본적인 정비기술을 교육받고 실제로 간단한 정비를 수행하면 월 10만 원의 정비수당을 신설하여 적용하는 것에 대하여 공장장의 승인이 있었음을 알려주면서 생산 반장 K의 의견이 어떤지 물었다. 물론 희망자에만 적용한다는 이야기도 빠뜨리지 않았다.

생산 반장 K는 좋은 조건이 추가된 것 같다고 이야기하며 합의안으로 동의하였다.

최종 합의된 내용은 다음과 같다. 첫째, 정비기술자가 도착하면 생산 오퍼레이터는 어떤 상황인지 설명을 하고 알아서 고치라는 태도는 지양한다. 둘째, 정비가 마무리되면 생산 오퍼레이터는 고맙다는 표현을 한다. 셋째, C1 라인의 정비를 최우선으로 한다. 타 라인의 정비를 위해 지원을 가 있는 경우라고 하더라도 최소한 1명은 신속하게 C1 라인에 투입한다. 넷째, 생산 오퍼레이터 중에 희망하는 사람이 있으면 기본적인 포장 설비 트러블 조치 방법을 교육하고, 긴급 상황에 대해서는 조치할 수 있는 권한이 부여될 수 있도록 한다. 생산 오퍼레이터 중에 정비 교육을 이수하고 트러블 조치를 수행할 수 있는 근로자에게는 정비수당을 신설하여 월 10만 원의 수당을 지급한다.

표 2.7.2 최종 합의안

번호	최종 합의안
1	정비기술자가 도착하면 생산 오퍼레이터는 어떤 상황인지 설명을 하고 알아서 고치라는 태도는 지양한다.
2	정비가 마무리되면 정비기술자에게 고맙다는 표현을 한다.
3	C1 라인의 정비를 최우선으로 한다. 타 라인의 정비를 위해 지원을 가 있는 경우라고 하더라도 최소한 1명은 신속하게 C1 라인에 투입한다.
4	생산 오퍼레이터 중에 희망하는 사람이 있으면 기본적인 포장 설비 트러블 조치 방법을 교육하고, 긴급 상황에 대해서는 조치할 수 있는 권한이 부여될 수 있도록 한다. 생산 오퍼레이터 중에 정비 교육을 이수하고 트러블 조치를 수행할 수 있는 근로자에게는 정비수당을 신설하여 월 10만 원의 수당을 지급한다.

5. 갈등협상의 구조분석과 교훈

1) 갈등협상의 구조분석

이 사례에서 갈등 당사자는 생산 반장 K, 정비 반장 M이다. 이들은 간접 당사자인 생산 오퍼레이터들과 정비 기술자들의 관리를 책임지고 있는 직접 당사자이다. 오랫동안 해결되지 못한 포장설비 트러블 정비조치를 쟁점으로 정비 기술자가 신속하게 투입되지 않은 구조적인 문제가 반복되면서 생산 반장과 정비 반장의 갈등으로 표출된 모습을 보이고 있다.

평소에 정비 반장 M은 공장 전체에서 발생하는 설비 트러블에 정비 기술자를 우선 투입하여 조치하는 것이 바람직한 것이라고 생각하고 있었으며 그래서 이번에도 C2 Line의 설비 트러블에 C1 Line의 정비 기술자를 지원한 것이었다.

생산 반장은 자신이 직접 조치할 수 없는 정비 문제가 늘 반복되는 것 때문에 생산 오퍼레이터 관리에 어려움이 많았고 생산목표 달성을 위해 더욱 분주히 애써야 하는 상황이 힘겨웠다. 공장 전체의 트러블이 적시에 조치되는 것도 중요하지만 자신이 담당하고 있는 C1 Line의 정상적인 운영이 제일 우선되어야 한다고 생각하고 있다.

사례에서 해결의 조력자 C2 Line 정비 반장 P와 관리팀장 C가 등장한다. P는 C1 Line의 정비 기술자가 왜 늦게 투입될 수밖에 없었는지의 상황을 오해 없이 알 수 있게 하는 역할을 하였다. C는 적극적으로 상황에 개입하여 갈등의 직접 당사자들이 상대방의 입장과 이해관계를 공감하고 진심어린 사과를 하도록 하여 갈등해결의 분위기를 조성하였다. 그리고 협력적 협상의 옵션 개발 및 평가 기법을 소개하고 적용하여 최종 합의에

도달하는 역할을 하였으며 생산 오퍼레이터에 대한 정비 수당 신설을 추진하여 정비 기술을 배우고 조치하는데 발생할 수 있는 조직적 거부감을 최소화하는 노력도 중요하였다. 갈등협상의 구조 분석 내용은 **표 2.7.3**에 요약하였다.

표 2.7.3 갈등협상의 구조분석 내용

구분	내용
갈등 당사자	직접 당사자 : K (C1 Line 생산반장), M (C1 Line 정비반장) 간접 당사자 : 생산 오퍼레이터들, 정비 기술자들
갈등 쟁점	포장설비 트러블 정비조치
갈등 원인	C1 Line 포장설비 트러블에 정비 기술자가 신속하게 투입되지 않음
입장	M : 투입 가능한 정비 기술자를 최대한 빨리 조치하였음 K : 정비 기술자 요청한 지 30분이 넘어도 조치를 위한 투입을 하지 않고 있음, C1 Line 생산트러블이 적시에 조치되어야 함
이해관계	M :공장 전체의 트러블이 적시에 조치되는 것이 바람직한 것임 K : 이런 상황이 자주 반복되어 생산 오퍼레이터 관리가 어렵고 C1 Line의 생산목표 달성에 차질이 있음. 생산 반장의 한계 영역이라고 느낌
해결기법	- 상대방의 입장을 이해하는 노력(진심 어린 사과) - 협력적 협상의 옵션개발, 평가기준 선정 및 적용
해결조력	C2 Line 정비반장 P, 관리팀장 C

2) 갈등협상의 특징

생산 반장과 정비 반장 간 갈등을 해결하는 과정에서 관찰되는 몇 가지 특징을 요약하면 다음과 같다.

첫째, 당사자들이 목표의 관점 차이로 갈등이 발생하였다. 공장의 현장 조직 책임자들이 조직성과에 이바지하고자 하는 긍정적인 태도를 보이고 있는 상황이었다. 그럼에도 불구하고 자신이 이바지해야 하는 성과의 범위를 C1 라인 정비 반장 M처럼 공장 전체로 볼 것인지, 아니면 C1 라인 생산 반장 K처럼 C1 라인에 한정하여 볼 것인지의 관점의 차이로 인해 서로 충돌하게 되었다. 두 명의 반장은 서로가 회사의 성과를 위한다는 생각에서 상대방의 태도를 이해하려는 입장을 갖지 못하고 있어서 갈등이 발생하였다.

둘째, 협력전략의 성공 요소를 충족시키는 방향으로 협상을 진행함으로써 갈등을 해결하였다. 갈등이 생겨나는 이유는 다양하지만, 갈등의 해결 방법은 여러 가지 모델로 연구되고 있다. 어떠한 상황이 협력적 협상의 형태를 취하게 만드는지는 'Thomas-Kilmann 갈등관리모형'과 'LHO협상전략모형'에서 답을 찾아볼 수 있었다. 표 2.7.4에서 정리한 '협상 전략의 성공 요소'는 상대방의 목적과 요구의 이해, 자유로운 정보의 흐름을 위해 자발적인 정보를 제공, 양 측의 욕구를 충족시키는 공동 목표의 충족 찾기로 요약된다. 본 사례를 분석해본 결과 [표 3]에서 보듯이 협력 전략의 3가지 성공 요소가 협상의 진행 정도에 따라 점차 충족되었음을 확인할 수 있다.

셋째, 갈등 당사자의 주변에서 조력자의 역할이 중요하게 작용하여 갈등을 해결하는데 도움을 주었다. 이러한 갈등 상황을 만들어낸 장 본인이라고 할 수 있는 P 반장이 갈등을 완화시키기 위해 노력하였고 관리 팀장 C는 중간자적 입장에서 양 측을 조정하는 역할도 갈등해결에 크게 기여하였다.

표 2.7.4 합의에 이르는 과정에서 협력전략의 성공 요소 비교

협력전략의 성공 요소	전	중	후
1. 상대방의 목적과 요구를 이해	X	O	O
2. 자유로운 정보의 흐름을 위해 자발적인 정보를 제공	X	X	O
3. 양 측의 욕구를 충족시키는 공동 목표의 충족 찾기	X	O	O

출처 : Lewicki, Roy J., Alexander Hiam and Karen W. Olander(2015)

3) 사례의 교훈

본 사례에서 얻을 수 있는 교훈을 간단히 정리해보면 다음과 같다.

첫째, 관점의 차이에서 발생한 갈등은 관점 차이를 해소하는 노력을 하여야 한다. 자신이 이야기한 내용에 대해 상대방은 다르게 이해하는 경우를 일상 대화에서도 많이 볼 수 있다. 조금만 생각해 보면 '아니! 그게 아니고~~'라고 말하면서 상대방이 왜 잘못 이해한 부분을 설명하면서 답답했던 경험을 대부분의 독자들은 가지고 있을 것이다. 상대방이 나와 다른 관점을 갖는 것은 당연한 것이라고 인정하면서 관점의 차이를 줄여간다면 갈등의 발생이 줄어들 것이다.

둘째, 협력전략의 3가지 성공 요소를 충족시키는 방향으로 협상이 진행되면 갈등해결에 성공할 수 있다. 너무나도 당연한 것이라고 생각하는 독자도 있을 것이다. 하지만 결과를 알고 난 후에 "그건 당연한 것 아니었어?"라고 생각했던 경험을 떠올려 보았으면 한다.

이 사례에서도 생산 반장 K가 긍정적인 방향으로 공동 목표를 충족하는 방안을 찾아야겠다는 생각에 이르게 된 것과 공동 목표를 향한 긍정적인 분위기의 조직과 현장 리더들의 관계는 갈등의 해결 과정에서 중요하게 작용하였다.

셋째, 갈등 당사자의 소통을 돕는 중립적인 제 3자나 조력자를 활용하면 효과적으로 갈등을 해결할 수 있다.

관리 팀장 C의 도움으로 합의에 이르는 과정에서 협력전략 성공 요소가 점점 충족되어가는 정도가 중요하게 작용하였으며 조직 내 갈등을 협력적으로 해결하기 위해서는 조력자의 개입을 매우 필요함을 확인할 수 있었다고 생각한다. 이 사례에서도 관리 팀장 C가 조력자로 개입하여 갈등 당사자 간에 상대방의 입장을 이해하는 상황이 만들어졌고, 각자가 원하는 조건을 서면으로 작성하여 제시하는 방법과 옵션에 평가 기준을 적용함으로써 양 당사자의 욕구를 충족시키는 공동 목표의 충족 점을 찾는 절차가 이루어졌으며, 앞으로 자유로운 정보의 흐름을 위해 자발적인 정보를 제공하는 약속이 포함되기에 이르렀다.

사례 8. 조직 내 복합적 관계갈등 해결 사례

1. 갈등 배경

　Y 회사는 다양한 행사를 기획, 운영하는 중견기업이다. 국내의 공공기관, 기업들뿐만 아니라 해외의 행사도 의뢰받을 정도로 성장하고 있다. 성장하는 회사도 피해갈 수 없는 것이 조직 내 갈등인 것 같다.

　Y 회사는 새로 사장이 부임하면서 연 초에 대규모 인사이동을 실시하였다. 행사운영팀도 예외가 아니었는데 A 대리를 제외한 전원이 교체되는 좀 황당한 인사이동이 있었다. 이러한 급격한 인사이동의 여파로 A 대리가 근무하는 부서에서 상사 간의 갈등, 상사와 동료 간 관계갈등이 발생하게 되었다.

그림 2.8.1 Y 기업 행사운영팀 조직도

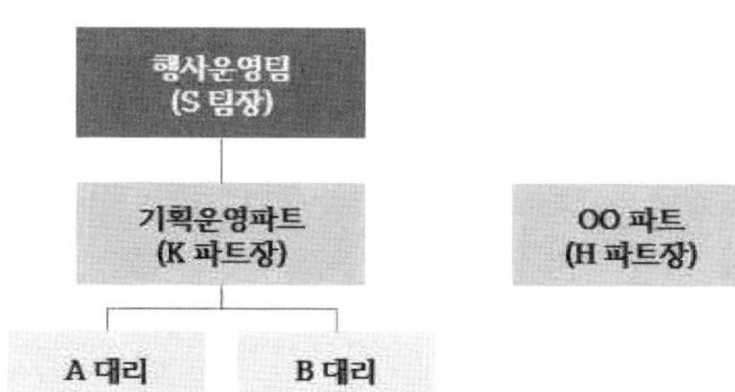

　* 등장인물 : S 팀장, K 파트장, A 대리, B 대리(동료), H 파트장(선배)

A 대리는 Y 회사에서 10년째 근속 중이고 기획운영파트에서는 2년째 근무 중인 30대 중반의 여성이다. 그녀는 입사 10년 만에 최대의 위기를 맞이했다.

A 대리가 속한 행사운영팀은 팀장을 포함해 총 4명이 한 팀으로 근무하고 있다. 올해 초 있었던 회사의 대규모 인사이동으로 인해 A 대리를 제외하고 행사운영팀장, 기획운영파트장, 팀 동료까지 모두 교체되었다. 이러한 인사이동은 Y 회사에서도 처음 있는 일이었다.

행사운영팀에 새로 부임한 S 팀장(50대, 여)은 행사운영팀 업무가 처음이라 팀 업무를 익히기 위해 파트장을 통해 각 파트의 전반적인 업무를 보고 받고 있다.

K 파트장(40대, 남)은 기획운영파트 업무가 처음이다. 그래서 기획 운영파트에서 가장 오래 근무한 A 대리의 도움을 받아 업무를 파악하고 있다. 또한 A 대리의 동료 직원인 B 대리도 Y 회사 근무경력 1년 차로 기획운영파트 업무 경험은 물론 실무 능력이 부족해 A 대리의 도움이 필요한 상황이다.

2. 갈등 상황과 쟁점

Y 회사의 조직 갈등은 행사운영팀 구성원 4명(팀장, 파트장, 대리 2명) 중 3명이 인사이동으로 모두 바뀌면서 새로운 구성원 간 관계가 원활하지 못해 갈등이 발생하고 있다.

조직 내 갈등의 상황을 세 가지로 구분하여 볼 수 있는데 첫째, S 행사운영팀장과 K 기획운영파트장 간의 갈등이다. A 대리의 입장 에서는 상사 간의 갈등 상황이다. 둘째, K 기획운영파트장과 A 대리 간의 갈등 상황이다. 상사와 직원 본인 간의 갈등 상황이다. 셋째, K 기획 운영파트장과 B 대리 간의 갈등 상황이다. 상사와 동료 직원 간의 갈등 상황이다.

세 가지의 갈등 상황을 자세하게 소개하면 다음과 같다.

1) 상사 간의 갈등:
S 행사운영팀장과 K 기획운영파트장의 갈등

행사운영팀에 발령을 받은 S 팀장은 부서의 업무를 파악하기 위하여 파트별로 보고를 받았다. 각 파트장이 파트별 담당 업무를 팀장에게 보고를 하게 된다. 파트별 보고를 받는 과정에서 S 팀장은 기획운영파트 K 파트장의 업무보고가 마음에 들지 않았다. 그리고 업무에 대한 질문을 하면 엉뚱한 대답을 하는 등 K 파트장은 S 팀장에게 신뢰를 주지 못하고 있다.

A 대리는 기획운영파트의 차석으로서 새로 바뀐 S 팀장과 K 파트장에게 자료요구, 업무 질의를 자주 받고 있다. S 팀장은 업무 파악이나 결재를 할 때 K 파트장이 자리에 있음에도 불구하고 파트장이 업무 내용을 잘 모른다는 이유로 A 대리를 직접 부르거나 전화를 걸어 빈번하게 찾는다.

K 파트장 또한 S 팀장이 자신을 소외시키고 A 대리를 주로 찾는 것에 대해 내심 스트레스를 받고 있었다.

어느 날 S 팀장이 A 대리를 급하게 찾았다.

"A 대리! 이번 주 OO행사 일정표 나왔나요? 다 되었으면 바로 좀 갖다 줘요."

그 때 자리에 있던 K 파트장이 A 대리를 힐끗 쳐다보았다.

A 대리도 K 파트장의 눈치를 보며 S 팀장의 부름에 "네" 대답은 바로 했지만 행동을 위해서는 갈등이 생겼다.

팀장이 호출하는데 대답을 안 할 수도, 관련 보고를 안 할 수도 없었다. 이렇게 몇 차례 비슷한 상황이 반복되자 A 대리는 S 팀장과 K 파트장의 중간에서 자신이 어떻게 행동을 해야 할지 난감한 상황에 직면하게 되었다. S 팀장은 이런 상황을 아랑곳하지 않고 K 파트장이 자리에 있는 걸 알고 있으면서도 매번 급한 상황이면 실무자인 A 대리를 찾곤 했다.

S 팀장은 업무 지시를 하면 K 파트장이 잘 알아듣지 못한다며 A 대리를 불러서 재차 확인하곤 했다. 이러한 과정들이 반복되면서 K 파트장은 A 대리에게 신경질적인 모습을 보이기 시작했다.

K 파트장은 S 팀장에 대한 불만이 쌓여 있음에도 표현을 하지 못하고 있다. K 파트장은 아이러니하게도 오히려 S 팀장 앞에서는 그렇지 않은 척 행동했다.

몇 년 전 S 팀장과 K 파트장은 같은 부서에서 함께 근무한 적이 있어서 서로의 업무 스타일을 잘 알고 있다. 소문에 의하면 S 팀장은 K 파트장에 대해 그다지 신뢰하지 않는다고 한다.

2) 상사와 직원 간의 갈등:
K 기획운영파트장과 A 대리의 갈등

A 대리는 K 파트장과 예전에 같은 부서에서 함께 근무한 적이 있다. 그래서 K 파트장이 평소 감정의 기복이 심한 스타일이라는 것을 어느 정도 알고 있다. 그래서 더 조심스러운 마음을 가지고 있다. 그러나 S 팀장이 K 파트장보다 실무자인 A 대리를 더 신뢰하고 있어 K 파트장은 A 대리에 대해 질투심을 가지고 있다.

어느 날 K 파트장은 S 팀장이 자리를 비운 사이 다른 부서 직원들이 보는 앞에서 A 대리에게 서류를 던지며 갑자기 큰 소리로 화를 냈다.

"A 대리! 이걸 보고서라고 했어요? 도대체 무슨 내용인지 엉망진창이야. 이렇게 밖에 못해요?"

갑작스런 상황에 어안이 벙벙한 A대리는 K 파트장에게 묻는다.

"파트장님! 보고서 어떤 부분이 잘 못 되었는지 말씀해주시면 수정을 할게요!"

"그걸 말해야 알아요? A 대리가 잘 봐서 다시 작성해요."

K 팀장이 막무가내로 화부터 내서 A 대리는 도대체 자신이 만든 보고서가 뭐가 잘못되었다는 건지 알 수가 없어 억울할 지경이었다. K 파트장은 설명도 없이 큰 소리로 화부터 내는 버릇이 있다.

A 대리는 이런 감정적인 K 파트장과 함께 일하는 것이 불편하고 이로 인한 스트레스가 이만저만이 아니었다.

그러나 정작 K 파트장은 자신의 행동이 상대방에게 어떤 영향을 주는지 잘 알지 못하고 있는 듯 보였다. 그는 A 대리에게 불편한 행동을 하고도 사과도 하지 않고 아무렇지 않게 대하곤 했다.

A 대리는 매일 한 사무실에서 함께 근무해야 하는 K 파트장과의 관계를 어떻게 끌어가야 할지 고민스러웠다.

3) 상사와 직원과의 갈등:
K 기획운영파트장과 B 대리의 갈등

A 대리의 동료 직원인 B 대리는 Y 회사 입사 1년 차 여자 경력 사원이다. 그녀는 K 파트장의 업무 지시를 잘 이해하지 못하며 업무 처리 속도가

느린 편이다. K 파트장은 이런 B 대리를 다른 직원들이 보는 앞에서 큰 소리로 꾸중하곤 했다.

B 대리도 처음 얼마 동안은 자신이 업무를 잘하지 못하기 때문에 K 파트장의 질책에 대해 아무 말도 하지 못했다. 그러나 어느 순간부터 K 파트장이 자신을 무시한다는 생각이 들면서 K 파트장이 하는 말과 행동에 반발심이 들기 시작했다. 급기야 B 대리는 K 파트장과의 대화가 부담스러워지면서 어떻게든 피하려고 하였다.

K 파트장은 B 대리에게 늘 사무적인 말투와 신경질적인 태도로 대하고 있다. B 대리는 그런 K 파트장과 일하기 싫었다. 마주하고 있는 것 자체가 싫고, 목소리도 듣고 싶지 않았다. 그래서 가끔 K 파트장에게 행사 일정 등 업무 보고를 제때 하지 않아 질책을 받는 상황이 반복되고 있었다.

그러던 어느 날 B 대리는 자신이 담당한 행사를 앞두고 있었다. 그때도 행사보고서를 작성하고도 K 파트장에게 전달하지 못한 채 가지고 있었는데 K 파트장이 자리에서 일어나며 B 대리에게 큰 소리로 묻는다.

"B 대리! 행사보고서는 다 되었나요?"

B 대리가 낮은 목소리로 대답한다.

"네"

이 때 K 파트장은 다그치듯 B 대리를 마구 꾸중하기 시작하였다.

"보고서가 다 되었으면 바로 줘야지, 왜 보고를 제 때 하지 않는 거에요? 도대체 행사를 어떻게 하려고 그러는 겁니까! 그리고 주지도 않을 보고서는 뭐하러 작성했어요!"

K 파트장의 다그치며 화내는 행동에 B 대리는 자리에서 일어나 아무 말도 하지 않고 고개만 숙이고 있었다.

K 파트장은 이런 B 대리에게 더욱 화를 냈다. 그리고 K 파트장은 B 대리를 사무실 상담실로 불러들였다.

상담실은 사무실에서 칸막이로 되어 있어 두 사람의 목소리가 바깥으로 새어 나왔다.

안에서 큰소리가 나오고 B 대리의 흐느끼는 소리가 들렸다. 잠시 후 B 대리는 상담실에서 나와 사무실 밖으로 문을 열고 나가 버렸다.

사실 B 대리는 며칠 전 A 대리의 도움을 받아 00 행사 보고서 작성을 완료하였다. 그러나 B 대리는 K 파트장에게 보고서를 줄 자신이 없었다. 그래서 보고서를 전달하지 못하고 가지고 있다가 때를 놓친 것이다.

B 대리가 담당한 00 행사는 A 대리의 도움으로 잘 마무리 되었지만 K 파트장은 이후로도 B 대리를 공개적으로 질책하는 일이 몇 차례 있었다. 그럴 때마다 B 대리는 아무 말도 하지 않은 채 자리로 돌아와 멍하니 앉아 있곤 했다.

어느 날   B 대리는 A 대리에게 속마음을 털어놓았다.

"A 대리님! 난 K 파트장의 행동에 화가 나요!

목소리도 듣고 싶지 않아요!

점심도 함께하고 싶지 않고, 마주치는 것도 싫어요!

K 파트장 때문에 정말이지 사무실 나오는 게 너무도 싫어요!

직장을 그만두고 싶네요!"

하지만 K 파트장은 이런 B 대리의 감정에는 관심이 없는 것처럼 보인다. 오히려 B 대리가 일 처리를 못 한다고 자주 질책만 하였다.

3. 갈등해결 과정

A 대리는 복잡한 갈등 관계에 놓인 팀 분위기로 하루하루가 너무 힘들

었다. S 팀장과 K 파트장 간의 불편한 관계, K 파트장과 동료 직원 B 대리와의 악화된 관계로 중간에서 자신의 역할이 부담스러웠다. A 대리는 사무실에서의 생활이 숨이 막힐 듯이 답답함을 느꼈다. 당장 이 팀을 벗어나고 싶었지만 방법이 없었다. 어딘가 자신의 마음을 기댈 곳이 필요했다.

A 대리는 함께 근무하는 부서에서 상사와 동료 간에 불편한 관계로 지내고 싶지 않았다. 그래서 A 대리는 평소 자신의 업무를 잘 알고 있던 선배 직원 H 파트장에게 자신의 팀 내 갈등에 대한 상담을 요청했다.

직원의 감정을 공감하지 못하는 K 파트장을 어떻게 대해야 하는지, 상사에게 상처를 받고 있는 동료 직원 B 대리에게는 어떻게 도움을 줄 수 있는지 등 팀원 간 복잡한 관계 속에서 A 대리가 어떻게 처신하면 좋을지 여러 차례에 걸쳐 코칭을 받았다.

1) 상사 간의 갈등관계 해결:
S 행사운영팀장과 K 기획운영파트장의 갈등해결

상사 간의 불편한 관계로 갈등이 발생하고 있는 상황에서 직원으로서 A 대리가 어떻게 처신하면 좋을지에 대하여 H 파트장의 코칭 내용은 다음과 같았다.

먼저, S 팀장이 K 파트장을 불신을 하더라도 그건 두 사람의 관계로 선을 그을 것! 즉, 두 사람의 감정에 휘말리지 말 것!, 그리고 그런 내부적인 불편한 관계들을 절대 다른 부서의 사람에게 소문으로 옮기지 말 것! 그 소문이 돌아 다시 자신을 난처하게 만드는 상황이 올 수도 있다.

두 번째, 다른 직원들 앞에서 직속 상관인 K 파트장에 대한 예우를 소홀히 하지 말 것!, 다른 사람이 K 파트장에 대한 험담을 할 때에도 절대

동조하지 말아야 한다.

　세 번째, S 팀장의 지시사항에 대하여 자신이 해야 할 행동을 매뉴얼화하여 실천해 볼 것! 즉, S 팀장이 K 파트장 대신 자신을 불러 부서 업무를 지시하거나 자료를 요청하면 S 팀장의 지시사항을 K 파트장에게 즉시 보고한다. 그리고 지시사항에 대한 답변 자료는 K 파트장과 충분히 의견을 공유한 후 K 파트장의 의견을 들어 보고를 실행해야 한다.

　만약, K 파트장이 자리에 없어 A 대리가 S 팀장에게 직접 보고를 해야 할 상황이라면 K 파트장에게 전화나 메시지를 통해 업무를 챙기고 있음을 전달한다. 그리고 보고하는 과정에서 발생한 추가적인 지시사항이나 전달받은 내용은 잘 메모한 후 반드시 K 파트장에게 피드백을 해야 한다.

　여기에서 중요한 것은 A 대리가 S 팀장에게 보고하는 과정에서 번거롭더라도 K 파트장이 소외감을 느끼지 않도록 충분히 소통하는 것이 반드시 필요하다는 점이다.

　A 대리가 가만히 생각해보니 S 팀장과 K 파트장은 그 전부터 감정 갈등이 깊게 자리하고 있는 것 같았다. 그래서 A 대리는 상사 간의 갈등 상황을 조급하게 생각하지 않고 자신의 일을 성실히 해 나가며, 관계 개선보다는 두 상사가 부딪치는 상황이 만들어지지 않게, 관계가 더 악화되지 않도록 하는 역할에 더 충실하려고 노력했다.

2) 상사와 직원 본인 간의 갈등관계 향상:
K 파트장과 A 대리의 갈등해결

　K 파트장과 A 대리의 감정갈등에 대해서는 H 파트장으로부터 다음과 같이 코칭을 받았다.

K 파트장의 감정적인 돌발행동에 즉각 응대하지 말 것!, K 파트장이 안정된 상황을 잘 파악하여 그 때 차분히 A 대리의 기분을 솔직히 얘기해 볼 것!

A 대리는 직속 상사인 K 파트장과의 불편한 관계를 더 악화시키고 싶지 않았다. 그래서 A 대리는 H 선배의 코칭대로 K 파트장이 자신에 대해 감정적인 행동을 하면, 그 행동이 끝날 때까지 가만히 상황을 지켜본 후, K 파트장이 차분해질 때를 기다려 조용히 대화를 요청했다. 그리고 솔직하게 자신의 기분을 얘기를 하였다.

"파트장님이 사무실에서 갑자기 큰 소리로 화를 내고 나무라고 하셔서 저는 여러 차례 난감한 상황이었어요. 직원들 보는 시선도 있고 사실 창피하기도 합니다.

제가 잘못한 부분이 있으면 조용히 불러서 얘기를 해 주시면 좋겠어요. 그러면 저도 바로 시정하도록 할게요."

A 대리는 K 파트장의 감정적인 말과 행동이 직원들에게 상처를 줄 수 있는 상황이라는 점을 공손하게 전했다.

처음 한 두 차례 A 대리의 요청에도 불구하고 K 파트장의 감정적 행동은 계속되었지만 이후로 A 대리에게는 더 조심하는 듯했다.

K 파트장은
"내가 사람들 앞에서 A 대리를 창피주려고 일부러 혼내고 그럴 의도는 없었어."
"그런데 화가 나면 나도 모르게 감정 컨트롤이 잘 되지 않아"
라며 속내를 얘기하기도 하였다.

그러나 K 파트장은 A 대리의 공손한 태도를 존중하면서도 자신의 말과 행동에 대해서는 잘 인정하지 않으려 했다.

이후로도 K 파트장의 감정적인 행동으로 A 대리와의 갈등 상황이 종종 발생했다. 그러나 A 대리는 그럴 때마다 H 선배의 코칭 내용을 되새겨 K 파트장과의 원만한 관계를 잘 이끌어가고 있다.

3) 상사와 동료직원 간의 갈등관계 향상:
K 파트장과 B 대리의 갈등해결

K 파트장에게 상처를 받고 있는 B 대리에게 A 대리가 동료로서 어떤 역할을 해 주는 것이 좋은지에 대하여 선배 H 파트장은 다음과 같이 네 가지를 코칭해 주었다.

첫째, B 대리의 힘든 상황을 공감해 주어 지원군이 되어줄 것!,

둘째, B 대리로 하여금 사무실이나 공식적인 자리에서 상사인 K 파트장을 무시하는 말과 행동을 하지 않도록 코칭해 줄 것!,

셋째, K 파트장이 감정적 행동을 하면, B 대리가 감정적으로 상사를 응대하지 않도록 코칭할 것!,

넷째, B 대리가 자신의 업무 숙련도를 높일 수 있도록 코칭해 줄 것!

위의 코칭 내용을 참고하여 A 대리는 K 파트장의 잦은 질책으로 힘들어하는 B 대리의 고충을 들어주고 공감해주었다. 그러자 B 대리가 자신의 속마음을 다시 A 대리에게 털어놓는다.

"A 대리님! K 파트장님은 나한테만 화내고 함부로 하는 것 같아요! 한두 번도 아니고 정말 속상하고 화가 나요! 더 이상은 못 참겠어요!"

K 파트장에 대한 B 대리의 감정이 격해 있을 때 A 대리는 B 대리를 바깥으로 데리고 나가 감정을 누그러뜨릴 수 있도록 도와주었다.

"B 대리! 오늘 힘들었지? 그동안 K 파트장님을 지켜봐서 알잖아~

B 대리에게 나쁜 감정이 있어 그런 건 아니라는 걸.

K 파트장님도 감정이 올라오면 조절이 잘 안 되는 것 같아! 나한테도 가끔 화내고 그러는 것 알지?

조금 전 파트장님이 A 대리에게 화내며 얘기했을 때 참고 차분히 응대하는 모습이 참 좋았어~ 잘했어!

그리고 사무실에서 화가 난다고 상사한테 함부로 대하는 직원의 모습도 그리 좋아 보이지는 않겠지?

B 대리가 아직 업무 경험이 부족해서 힘들 거야! 조금만 지나면 훨씬 나아질 거야!

앞으로 업무에 대한 것도 더 챙기고 더 당당하게 근무할 수 있었으면 좋겠어. 내가 도와줄게 힘 내!"

이렇게 B 대리는 A 대리의 꾸준한 코칭을 통해 K 파트장과의 관계에서 처음보다 훨씬 안정적인 모습을 보이고 있다.

4. 갈등해결의 구조분석

갈등 분석내용처럼 갈등의 원인은 결국 상호간 상대에 대한 무시와 불신으로부터 시작이 되어 업무적으로 연결이 되고 있다. 또한 조직 구조상 상하관계에 놓여 있어 직원은 상사로부터 인정을 받아야 하는 근무환경도 관계에서 자유롭지 못하다. 그러나 어느 조직이든 중심 역할을 하는 인물이 있다. 본 사례에서는 A 대리가 그렇다. A 대리가 팀 내 복합적 관계 갈등상황을 어떻게 대처하느냐에 따라 팀 내 관계갈등이 더 악화될 수도, 개선될 수도 있었다. 결과적으로 A대리는 조직 내 심리를 잘 알고 있는 선배직원 H 파트장의 코칭을 잘 활용하여 관계갈등에 적극적으로 대처하였다.

표 2.8.1 갈등해결의 구조분석 요약

항목	내용
갈등당사자	- 기획운영파트장 K와 행사운영팀장 S - 기획운영파트장 K와 A 대리 - 기획운영파트장 K와 B 대리
갈등쟁점	- 새로운 구성원 간 불신과 감정적 언행
갈등원인	- S 팀장의 K 파트장에 대한 무시 - K 파트장의 직원(A대리, B대리)에 대한 감정적인 행동 - 직원(B 대리)의 부족한 업무능력과 상사에 대한 불신
입장	- S 팀장 : K파트장이 업무처리 능력이 부족하다고 느낌 - K 파트장 : 상사로부터 인정받기를 원하며 자신을 소외시키고 실무자와 소통한다고 생각함 - A 대리 : 팀 내 불안한 관계, 불안한 분위기가 싫음 - B 대리 : 신입으로 업무처리에 어려움을 느끼고 있으며, K파트장으로부터 무시당하고 있다고 생각함
이해관계	- 상하 관계로 상사로부터 근무성적 평가를 받아야 함 (상급자에게 인정을 받아야 하는 상황) - 관계가 불편하면 업무처리에도 영향을 미침
해결기법	- 팀 안에서 가장 오래 근무하고 있는 A 대리가 구성원 간 복합적 관계갈등을 해결하기 위해 적극적 코칭을 받음(H 선배 직원으로부터 코칭) - S 팀장과 K 파트장의 관계 악화되지 않도록 역할 - K 파트장의 행동유형 파악, 유연하게 대처할 것 - 동료직원 B 대리에 대한 공감과 응원, 코칭으로 K 파트장과 갈등 적응력 향상
해결조력	선배 직원 H

5. 사례의 교훈

협상은 기업이나 비즈니스 차원에서 사업적으로 많이 활용되지만, 일상에서는 개인과 개인 간, 또는 조직 안에서 구성원 간에 발생하는 관계갈등을 해결하는 과정에도 협상 전략이 요구된다.

A 대리는 먼저 조직 내 갈등에 직면하여 몇 가지 자문을 해보고 적극적으로 해결하려는 노력을 하였다.

상사 간의 갈등관계 속에서 자신은 어떻게 처신을 해야 하는가?
자신과 잘 맞지 않은 상사와의 관계를 어떻게 가져갈 것인가?
상사와 동료 직원과의 갈등 상황을 나와는 별개의 문제로 볼 것인가?

본 사례에서 A 대리는 부서의 핵심 실무자로서 자신이 맡고 있는 업무를 처리해내기도 벅찬 상황이었다. 그러나 부서 내 구성원 간 복합적 관계갈등을 방치하지 않고 적극적으로 해결방안을 찾으려 노력했다는 점이 돋보였다.

둘째, A 대리는 자신이 처한 어려운 상황을 혼자 해결하기보다는 경험이 많은 선배 직원 H파트장으로부터 꾸준한 코칭을 받았다. 특히 코칭받은 내용을 동료 직원 B 대리에게 다시 재 코칭함으로써 자신의 갈등관리 능력을 키울 수 있었다.

셋째, A 대리는 조직 안에서 계속 만나야 하는 K 파트장과 직원과의 갈등 관계를 윈윈 협상의 긍정적 마인드로 접근했다. Shapiro 등 전문가들은 창의적이고 윈윈협상을 원한다면 긍정적 감정을 가져야 한다고 얘기하고 있다.

넷째. 사례에서 보았듯이 조직 내 복합적 관계갈등을 개선하기 위해서 중요한 것은 갈등을 받아들이는 주체의 긍정적 마인드 이외에 조직에 대한 애정과 책임감. 그리고 상사와 동료 직원에 대한 진심 어린 소통능력이 필요하다.

결론적으로 A 대리처럼 긍정적 마인드와 상대를 이해하려는 태도로 상대방과 진솔한 소통을 한다면 조직 내에서의 건강한 관계 형성에 긍정적 효과를 줄 수 있다.

현재 A 대리는 부서를 이동하여 동료 직원 B 대리의 멘토 역할을 하고 있으며, 평소 직원들과 긍정적 관계 형성으로 직장 내에서 일 잘하는 직원!. 상사와 동료, 후배 직원들로부터 함께 근무하고 싶은 직원으로 신뢰와 인정을 받고 있다.

사례 9. 프로젝트수행 중 개인갈등 해결 사례

　본 사례는 프로젝트 수행조직에서 발생할 수 있는 구성원 간의 갈등 사례다. 명확한 업무역할이 구분되지 않고 일을 시작하는 상황에서 나와 똑같이 일을 해주길 바라는 마음과 과거의 상대에 대한 편견이 함께 작용하여 갈등을 초래하고 있다. 이는 비단 프로젝트 수행조직뿐만 아니라 다양한 조직에서 얼마든지 발생할 수 있는 갈등이다.

　사례의 갈등 당사자로 연구원 K와 연구원 P가 등장하지만, 사실 연구원 K의 편견이 갈등을 확대시키고, K 스스로의 인지과정을 통해 갈등해결의 실마리를 만들어가는 과정을 그리고 있다.

1. 갈등의 배경

　연구원 K가 동료 연구원 P를 만난 것은 몇 년 전 프로젝트에서였다. 당시 연구프로젝트를 진행하면서, 산업 분야에 대한 전문적인 지식과 역량이 부족해서 이를 보완할 연구원이 필요해서 P를 영입하였다. P는 해당 산업에 대한 조예가 깊고 역량을 갖추고 있다고 판단되었기 때문이다. 게다가 첫인상이 깔끔하고 예의가 발라서 연구진 모두의 호감을 이끌기에 충분했다. 연구원 K는 P에게 프로젝트 수행 기간에 해야 할 일들을 정리해서 전해주었다.

언제나 밝고 희망찬 모습으로 등장하는 P의 모습은 회의 분위기를 즐겁게 만들었다. 또한 그의 위트와 재치는 회의 내내 분위기를 화기애애하게 만들었다.

하지만 점점 시간이 갈수록 P가 업무 약속이행을 지체하는 모습을 보였다. '일이 많아 그럴 수 있겠지.'라고 생각하면서, 좀 더 기다려보기로 했다. 기다림이 9월을 지나고, 10월을 지나도 완성된 보고서는 도착하지 않았다. 내가 보고서 완료를 독촉해도 P는 빨리하겠다는 응답만 있고, 실제 보고서는 오질 않았다. 이러는 사이 연구 결과 보고서 납품 날짜는 지나 버렸고, 11월 중순이 넘어갈 무렵에야 K는 P의 보고서를 받았다. 그런데 보고서를 받아본 K는 기대와 달리 내용이 너무 부실해서 실망이 컸다. 그래서 K는 자신이 과거 작성했던 보고서에 P가 작업한 일부를 결합해 제출할 수밖에 없었다.

이를 계기로 K는 업무협력자로서 P에 대해 신뢰를 하지 않게 되었다. 물론 인간적으로 싫어하는 것은 아니다. 항상 밝은 모습으로 회의 분위기를 밝게 해주는 것은 인정하고 있다. 또한 자신이 모르는 산업 분야에 대한 지식도 존중한다. 그러나 자신과는 다른 업무 진행 스타일이 부담으로 다가오면서, 업무적인 면에서 자신과는 맞지 않는다고 판단을 내렸다. 그래서 인간적인 관계(함께 식사하거나, 술을 하거나, 일상적인 대화를 하는 등)에서는 함께해도 업무적인 부분은 엮이고 싶지 않았다. 그렇게 1년여의 시간이 지났고, 계약기간 종료로 프로젝트팀은 해산하였다.

한동안 만남이 뜸하다가 올해 2월 말, S 팀장으로부터 연락이 왔다. 새로이 프로젝트는 진행하는데, 함께 참여해서 했으면 좋겠다고 요청이 왔다.

그곳에서 K는 P를 다시 만나게 되었다. 연구원 구성을 보고 K는 적잖이 실망했다. K는 이번에 또 P와 엮이게 된 것에 대해 불만이 있었다.

K에게 P는 과거의 경험 때문에 좋지 않은 모습으로 기억되어 있었다. 'P는 업무 약속이 늦어. 그러니 그를 신뢰할 수 없어'라는 부정적 감정이 K의 마음속에 자리 잡고 있었다.

2. 갈등의 당사자와 쟁점

1) 갈등의 당사자

K는 이 프로젝트에 대해 잘 알고 있다. 이미 과거에 해당 프로젝트를 진행해 본 경험이 있었다. 그래서 스스로가 실무적인 부분을 총괄해야 한다고 생각했다. 연구원 P나 연구원 H는 이런 프로젝트에 대한 경험이 적기 때문에 아무래도 프로젝트에 대해서는 K가 가장 잘 알고 있었다. '이번 프로젝트에 대해서는 경험도 있고, 내가 가장 잘 알아. 아무래도 내가 고생스럽더라도 업무를 주도적으로 이끌고 가야 해'라고 생각하였다. 또한 해당 프로젝트는 K에게 중요한 프로젝트이기도 하다. 항상 프로젝트를 추진하는 처지에서 이번 프로젝트는 가장 큰 규모의 프로젝트이며, 발주 지자체를 포함하여 다양한 기관의 이목이 쏠려 있기도 한 프로젝트이다. 그래서 K는 이 프로젝트를 꼭 성공시켜야 하는 압박감도 받고 있다.

P는 나름 산업 분야에서 유명하다. 항상 여기저기 다녀보면, 자신의 이름 석 자는 대다수가 알고 있다. 지자체를 비롯한 다양한 연구소, 기관 등에서 산업 관련 자문은 본인에게 많이 온다. 그래서 나름의 프라이드도 있다. 또한 이 프로젝트는 성공시켰을 때 파급효과가 크기 때문에 많은 기관에서 관심 있게 지켜보고 있다. 자신의 역량을 보여줄 수 있는 기회가

되기도 한다. 이런 종류의 프로젝트는 아니었어도 지금까지 다양한 프로젝트에 참여해서 많은 성과를 만들어 왔다. 이 프로젝트도 가만히 들어보니, 그리 어렵지 않게 할 수 있는 것들이다. 물론 기업들을 만나 설득하는 게 조금 어렵겠지만, P에게는 그리 어려워 보이지는 않는다. 산업 분야에 대해 많은 기관장과 대표들을 만나왔고, 여기 참여해 있는 업체 중 상당수는 이미 다 알고 있는 업체들이다. 그래서 이번에 자신의 강점을 제대로 발휘해서 사람들에게 자신을 더욱 드러낼 수 있는 기회로 만들고자 한다.

연구원 H는 2~3년 전부터 프로젝트에 참여하게 된 초보연구원이다. 그 전에 직장생활을 오래 해오다가 공부를 더 하는 과정에서 프로젝트에 참여하게 되었다. 프로젝트 업무는 바쁘게 진행된다. 한가할 때는 한가한 것 같으면서도 또 바쁠 때는 정신없이 일에 매달려야 한다. 여러 프로젝트가 한꺼번에 돌아갈 때는 바쁘기도 하지만, 인건비를 많이 받을 수 있어서 좋긴 하다. 프로젝트팀에서 막내이다 보니 발주기관과 계속 얽히는 일이 많다. 얼굴을 붉히면서 감정싸움을 하는 때도 있다. 이번 프로젝트의 경우 중요한 프로젝트라서 사실 얼굴 붉힐 일이 많은 것은 사실이다. 그래도 연구원 K가 실무적인 부분은 많이 담당해줘서 일과 관련된 스트레스는 적다. 또 일하면서 어려움이 있을 때는 연구원 P가 분위기를 즐겁게 해주기 때문에 이번 프로젝트는 힘들긴 하지만 나름의 재미도 있다. 그리고 과거의 어떤 프로젝트보다 이번 프로젝트는 인건비가 높다. 혼자 독립해서 사는 자신에게 이번 프로젝트는 생활해 나가는 데 많은 도움이 되고 있다. 그래서 이번 프로젝트가 잘 되어 계속사업으로 진행되었으면 하는 바람도 있다.

프로젝트 팀장 S는 얼떨떨한 기분이기도 하다. 원래 이 프로젝트를 맡았던 연구책임자가 다른 곳으로 옮기면서 이를 떠맡게 되었는데, 처음에는 별것 아니겠지 했는데, 막상 프로젝트를 진행하면서 프로젝트가 주는 중압감에 스트레스가 이만저만이 아니다. 다행히 실무적인 부분을 맡아주는 K가 있고, 산업적인 부분을 맡아주는 P가 있어서 항상 감사하게 생각하고 있다. 이 프로젝트가 얼마나 중요한지를 알게 되면서, 어떻게든 성공시켜보고 싶은 욕심도 생겼다. 물론 잘 안된다면 모든 화살이 자신에게 온다는 것도 알고 있다. 그래서 더욱 프로젝트에 관심이 있다. 올해 이 프로젝트가 잘 마무리되어 좋은 성과로 남았으면 하는 기대가 있다. 아마도 이 프로젝트가 잘 된다면 컨설팅 시장에서의 인지도도 크게 올라갈 것이 자명하다. 그래서 더욱 잘하고 싶은 마음이다.

2) 갈등의 쟁점

S 팀장은 프로젝트를 시작하면서 본인의 스타일에 맞게 팀을 구성해서 프로젝트를 성공시키고 싶었다. 어떻게 프로젝트 연구원을 구성하는 게 가장 좋을지 고민하면서 적합한 사람을 물색하게 되었고 자신과 과거 프로젝트를 진행해 본 경험이 있는 연구원들을 떠 올려 보았다. 개중 그래도 잘할만한 사람으로 연락을 취해 프로젝트팀을 구성하게 되었다. 실무적인 부분은 K가, 산업적인 부분은 P가 그리고 행정적인 처리와 보조적인 업무는 H가 담당하면 가장 이상적이라고 생각했다. 그래서 인원 구성을 하고, 킥-오프 미팅을 하는데, 다른 사람들은 반가워하는데, K는 그다지 반가워하지 않는 것 같았다. K와 P가 과거 함께 일해 본 것으로 알고 있는데, '서먹한 사이인가'라는 생각을 하면서 별거 아니겠지' 하고 넘어갔다.

며칠 후 K와 H가 S 팀장을 찾아왔다. 연구원 구성을 다시 한번 재고해 달라고 했다. K는 전에 자신이 겪었던 상황을 설명하면서, 굳이 P를 연구원으로 등록하는 것보다 자문위원으로 활용하는 것이 좋겠다는 뜻을 피력했다.

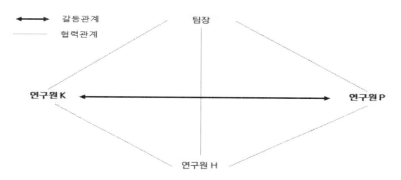

그림 2.9.1 프로젝트팀 갈등 지도

갈등관계
협력관계
팀장
연구원 K
연구원 P
연구원 H

  S 팀장은 생각해보고 결정을 하겠다고 하고, 자리를 마무리했다. P와 함께 일했을 때를 본인도 생각해보았다. K가 말한 대로 보고서 작성 부분은 좀 부족하다 할지라도 산업 분야에 대한 대응을 할 수 있는 마땅한 사람이 떠오르지 않았다. 고민하던 S 팀장은 K와 H를 불러 다시 만났다. H는 어떤 결정이든 본인에게는 크게 상관이 없다는 의견이다. 본인이 봤을 때, 연구원으로 일하면서 힘든 것은 발주기관이나 연구를 진행하면서 만나는 사람들과의 관계가 힘들었지, 연구원들 때문에 본인이 힘들었던 적은 없었다. 이에 반해 K는 지난번에 말한 것처럼 P가 자문으로 참여하기를 원했다.

  S 팀장은 P와 통화를 하고 나서, P가 '우리는 곧 죽어도 한 팀이다.'라는 말에 함께 했으면 좋겠다고 했다. 각자 맡은 영역에 대해서 잘 할 수 있도록 단속을 잘하겠다고 하면서 함께하는 것으로 하였다.

  그렇게 시간이 지나고, 프로젝트 진행 내용에 대한 자문위원 검토의견에 대한 답변서를 작성해서 보고하는 마지막 날이 되었다. S 팀장은 연구원들에게 답변서에 작성된 내용을 보내주면서, 추가할 내용을 문서화해서 K에게 보내주라고 연구원들에게 요청했다. 그리고 단체 채팅방에서 연구원들의 의견이 계속 교환되었다.

　그러면서 P가 타 기관 자료를 확보했다고 채팅방에 올려놓았다. 그러면서 함께 공부해보고 정리하자고 했다. 그때 K가 해당 글에 '공부를 하자고요?'라고 답글을 올렸다. K는 아마도 예전 같았으면 아무렇지도 않게 넘어갔을 것이지만, 오늘은 답변서를 작성해서 제출하는 마지막 날인데, 나머지 부분을 어떤 내용으로 작성할지에 대해 고민하며 민감해 있던 상태였다.

　P가 '저에게 무슨 화난 일 있으세요?' 답글을 남겼다. 그러면서 '전화로 통화 가능할까요?'

　K는 P에게 전화를 했다.

　"저에게 무슨 화난 일 있으세요?" P가 말했다.

　"당연히 좀 화가 나네요. 지금 보고서를 제출해야 하는데, 자료를 올려놓고 공부하자고 하는 것은 좀 아니지 않나요? 보고서에 작성해야 할 내용을 올려달라고 했지. 이제 공부하자고 자료를 올려놓는 것은 무슨 경우인가요? 도대체 일을 어떻게 하고 있습니까? 능력이 있는 것입니까? 도대체 무슨 일을 해야 하는지는 알고나 있습니까?, 프로젝트를 함께 하고 있으면 작업한 결과물이 있어야 하지 않겠습니까? 작성 작업의 결과물이 있습니까? 같이 작업을 해서 전체를 만들어가야 하지 않습니까?" K는 감정 섞인 말을 해 버렸다.

　"무슨 말씀을 그리 서운하게 하십니까! 이번 보고서에 들어갈 아이디어 제가 드린 것입니다. 다른 사람들 아이디어 회의할 때 내놓은 것 있습니까? 제가 아이디어를 내놓고, 그에 따라 작업하고 있지 않습니까?"

"아이디어, 당연히 좋은 아이디어라는 것 인정합니다. 그런데, 아이디어를 내놓았다고 보고서가 만들어집니까? 아이디어를 구체적인 문서로 작업을 해야 이를 정리할 수 있지 않나요? 아이디어 던져 놓았으니, 내할 일 끝났다 이겁니까?"

K와 P는 전화기로 서로 큰소리를 내고 있었다. 아마도 K의 입장에서는 P가 말로만 일을 하는 사람이라고 생각하는 것 같았다. P는 나름대로 아이디어를 자신이 내었고, 그 아이디어를 기반으로 보고서를 작성하고 있는데, 왜 자기한테 뭐라고 하는지 억울해하는 것 같았다. 한편으로 K가 너무 지엽적인 면만을 보는 좀생이처럼 보였다.

"다시 한번 말하지만, 아이디어를 제공해 주신 것에 대해서 좋은 아이디어라고 생각하고 있고, 다른 팀원들과도 좋은 내용이라고 이야기를 했습니다. 그런데 지금은 아이디어 이야기를 하는 게 아니지 않습니까? 보고서를 작성하는데 필요한 내용을 정리해서 달라고 했지, 공부하자는 자료를 올리시면 이걸 공부해서 정리해서 보고서를 작성하겠습니까?"

"그렇다고 저에게 그렇게 화를 내십니까? 아이디어를 제가 드렸고, 관련 자료를 어렵게 구해서 내용에 대해서 잘 모르니 좀 더 우리가 검토해보고 정리를 하자는 게 잘 못 되었습니까? 제가 계속 관련 업체들 미팅하면서 자료를 구해왔는데요."

"자료를 구해온 것에 대해서 잘 못 했다는 것이 아닙니다. 지금 우리가 해야 할 급한 일은 검토의견에 대한 답변서를 작성해서 보내는 데 있습니다. 그럼 보고서에 들어갈 내용을 작성해서 주셔야지, 모인 내용을 정리해서 제출할 수 있지 않나요?"

"저 나름대로 바쁘게 자료 찾고, 업체 미팅하면서 확인받고, 이해 안되는 부분은 찾아가서 만나서 확인하느라 조금 늦었습니다. 그래도 저 나름대로 업체들 만나면서 바쁘게 움직이고 있다고 생각하는데, 제가 하는 일에 대해서 전혀 인정을 안 해주시는 것 같습니다."

K는 전화기에 대고 큰소리를 내는 자신을 느낀 순간, '아차, 내가 너무 흥분했구나.' 생각했다. 그런데 이미 P에 대한 부정적인 감정이 섞여 나와 버렸다.

그렇게 둘은 서로 감정이 폭발한 상태로 그날의 대화는 마무리되었다. 답변보고서는 다행히 K가 미리 조금씩 작성해놨던 내용을 보완해서 제출하였다. S 팀장과 H는 두 사람 사이에 상당히 심한 말들이 오갔을 것으로 추측은 하고 있지만, 이미 채팅방이 아닌, 전화로 하고 있어서 어떻게 진행되고 있는지 걱정이 되었다. 그렇다고 섣불리 물어볼 수도 없었다. 그래서 어떤 말이 올 때까지 기다려보기로 했다.

'제발 무사히 지나가길 바라면서!'

그날 저녁 보고서를 제출하고 집에 들어 온 K는 화가 아직도 가시지 않았다. '도대체가 왜 P를 포함시켜 일을 이렇게 만드나?'라며 S 팀장에 원망도 생겼다. '그때 그냥 자문위원으로 했으면 좋잖아.'라는 생각도 들었다.

P도 자신이 한 일에 대해서 전혀 인정하지 않는 K가 원망스러웠다. 자기는 지금까지 맡은 일을 잘하고 있는데, 왜 갑자기 저러는지 이해할 수가 없었다. 그래서 S 팀장에게 전화했다.

"K는 왜 그렇게 저를 싫어하는 걸까요? 도대체 제가 뭘 잘못했나요?"

"나도 자세히는 모르는데, 혹시 과거에 같이 프로젝트를 하면서 문제가 없었나요?"

"딱히 문제는 없었는데요. 저야 제가 할 일 해서 넘기고 마무리되었으니까요."

S 팀장 입장에서는 뭐라 딱히 할 말이 없었다. P가 이렇게 이야기하는

데, K는 P의 보고서 작성 역량이 부족하다고 하고 있어서, 실제 보고서 작성 능력을 팀장 자신이 아직 확인해 보지 않는 이상 지금 두 사람 사이에 끼어들 수도 없었다.

그래서 P에게 보고서 제출 시한이 촉박해져서 예민해져서 그런 것 같다고 하고, 자기가 K와 얘기를 한 번 해보겠다고 하고 끊었다.

3. 갈등해결 과정

K는 식사 후에 서재에 앉아 오늘 상황에 대해 생각해보았다.

S 팀장은 보고서에 추가할 내용을 작성해서 보내달라고 요청을 했다. 그런데, P는 자료를 올려놓으면서 공부를 하자고 하고 있다. 당연히 보고서를 작성해야 하는 K의 입장에서는 화가 나는 일이었다고 생각하고 있다. 계속 생각을 하다 보니, P가 좋은 아이디어를 내고, 기업들과 좋은 관계를 통해서 필요한 정보들을 수집해 오고 있다는 생각이 들었다.

'이번에 산업체 전반의 움직임과 참여기업의 동향은 모두 P가 발로 뛰면서 수집한 정보였어. 그런데 혹시 과거에 내가 가지고 있던 나의 선입견 때문에 감정이 격해져서 나의 판단을 흐리게 한 것은 아닌가?'라는 생각이 들었다. 사실 지금까지 산업체 전반의 움직임과 참여기업의 동향을 모두 P가 찾아다니면서 정보를 모아서 이야기해준 것이었다. K는 계속 생각했다. '만약 내가 감정을 조금 더 다스리고 접근했다면 어땠을까? 나의 감정이 격해져서 나의 판단을 흐리게 하는 것은 아닌가?'라는 생각이 들었다. 결국 '오히려 내가 감정을 조금 더 다스리고 접근했다면 좋았을 텐데...'라는 생각의 결론에 도달했다.

그러면서 작년에 참여했던, 협상가 과정을 떠올렸다. 현재 상황을 수업에 배운 내용에 적용하면서 갈등의 원인을 고민해 보았다. 갈등의 발단은 보고서 작성에 필요한 추가 내용이 아닌, 공부하자고 자료를 올렸기 때문이다. 그런데, 이것이 갈등의 원인일까? 아니 그보다 P와 과거에 함께 했을 때 가지고 있던 선입견이 더 크게 작용한 것이 아닐까 하는 생각이 들었다.

또한 서로의 다른 가치관도 영향을 미친 것 같다. 나는 신중하고 맡은 일은 기한 안에 마무리해야 하는 성격이다. 그에 반해 P는 조금 늦을 수도 있지, 항상 여유가 있는 편이다. 협상가 과정에서 배웠던 사회적 스타일 모델[21]이 떠 올랐다.

David Merrill은 인간의 행동유형을 4가지로 분류하고, 개인의 스타일이 조직의 효과성에 어떻게 영향을 미치는가에 관한 연구를 통해 사회적 스타일 모델(Social Style Model) 개발하여 적용하였다. 인간의 행동유형을 추진적 유형, 활달한 유형, 온화한 유형, 분석적인 유형 등 4가지 행동유형으로 구분하였다.[22]

사회적 모델에 따라 K와 P를 분류해보면, K는 일 중심이면서 말수가 적은 분석적 유형에 해당이 된다. 그래서 정확하고 구체적인 사실과 정보를 중시하고, 냉정하며, 논리적이다. 이에 반해 P는 관계를 중시하며, 활발한 대화를 선호하고, 자기 자랑을 하면서도 약간의 허풍, 과장이 섞인 자랑을 하는 활달한 사람에 해당한다. 사회적 모델에 따르면, 분석적인 사람은 활달한 사람을 덜렁대며 좀 모자라는 사람이라고 생각하는 경향이 있다고 한다. 또한 활달한 사람은 분석적인 사람을 좀생이같이 쪼잔하게 따지기만 하는 사람이라고 생각한다는 것이다.

당시 배운 내용을 적용해 보니, 실제 분석적인 유형의 K와 활달한 유형의 P는 서로 반대의 성향을 가지고 있었다. 결국 다른 성향으로 인해 상대를 인정하지 않는 부분도 존재할 수 있다는 것을 깨달았다.

K는 갈등의 당사자는 K와 P가 결국 직접 당사자이고, S 팀장과 H 연구원이 갈등의 영향을 받는 간접당사자가 될 수 있다고 생각했다.

K는 협상가 과정에서 배운 내용에 현 상황을 대입시켜 보았다. 갈등의 쟁점은 보고서를 작성하는 과정에서 공부하자고 올린 것이 갈등을 만들었다. K는 보고서 작성 양식에 맞춰 내용을 작성해서 제출해주길 원했고, P는 부족한 부분을 공부하다 보면, 작성할 내용이 있을 것이라는 생각을 하고 있었다. 결국 서로 간의 이해관계가 달랐다.

4. 갈등해결 결과와 합의 내용

1) 갈등해결 결과

K는 어떻게 하면 상호 관계를 회복할 수 있을까를 생각해보았다. 결국 상대방에게 함부로 말한 것에 대해서는 사과를 해야 한다. 상대의 감정을 상하게 하는 말을 뱉었던 것은 K가 사과를 해야 한다는 생각이 들었다. 그리고 이번 프로젝트를 위해서 K와 P가 합심해야 한다.

그날 밤에 K는 P에게 전화를 했다.

"내가 해서는 안 될 말을 했습니다. 미안합니다. P가 그동안 기업들을 찾아다니면서 돈독한 관계를 유지하고, 기업들이 함께 참여할 수 있도록 이끌었는데, 제가 그러한 노력에 대해서 간과했습니다."라고 사과하였다.

"나에게 화를 내기에 섭섭했는데, 그래도 사과해 줘서 고맙습니다. 제가 앞으로 필요한 내용에 대해 양식에 맞게 정리해서 제공하도록 하겠습니다. 혹시나 저에 대해 서운함이 있으면 풀었으면 합니다. 저도 더 열심히 하겠습니다."라며 같이 사과했다. P도 조금은 억울하기도 하고, 속상하기도 했다면서 전화 줘서 고맙다고 했다.

P는 자기도 잘해보려고 하는데, 왠지 K가 자기를 별로 좋아하지 않는 것 같다는 것을 느끼고 있었다. 그래서 프로젝트에서 빠져야 하는지 계속 고민을 하고 있었다고 얘기했다. 그런데, 이렇게 전화를 줘서 고맙다고 거듭 말했다.

그리고 K는 채팅방에 오늘 있었던 불미스러운 일에 대해서 죄송하다는 글을 올렸다. P에게 이미 사과를 했다고, 프로젝트에 참여하는 분들께도 걱정을 끼치게 되어 미안하다고 사과했다.

채팅방에 글을 올리고 나서 K는 생각했다. 단순히 P에 대한 원망은 오늘 있었던 자료 때문이 아니라, 오늘 자료가 도화선이 되어 마음속에 자리를 잡고 있던 불만과 감정이 표출되어 나타난 결과였다.

K는 오늘 저녁 퇴근 시간 전까지 급한 일은 검토의견에 대한 답변서를 작성해서 제출하는 것이었다. 이를 위해서 연구원 각자가 필요한 내용을 정리해서 보내주면, 이를 다시 정리하고, 보완해서 제출하는 것이다. 그런데, 오후 3시에 공부해서 정리하자는 내용을 보고 급 흥분했다.

K는 P가 올린 자료를 살펴보았다. 아까는 흥분했던 상황이었고, 빨리 작성해서 보내느라 미처 살펴보지 못했었다. 자료는 보고서를 작성하면서 지금 상황에서 답변하기 어려운 부분에 해당하는 내용도 있었다. 해당 부분을 작성하기 위해서는 필요한 정보를 찾아서 보완해야 하는데, 오늘 P가 올려준 자료를 통해서 연구진이 사업의 한 부분을 어떻게 구체화할 수 있는지에 대해 도움이 되는 자료였다. 자료를 보면서 K는 자신의 섣부른 행동이 P에게 상처를 주었다는 생각을 다시 한번 하게 되었다. 그리고 자료를 구해준 것에 대해 고맙고 미안하기도 했다.

K는 과거의 경험으로 P를 '능력 없는 사람'이라는 선입견을 품고 대했다. 이런 선입견이 상대의 노력을 끌어내리고 있었다. 지난해 함께 하면서 머릿속에 고착된 사고가 지금의 현상을 제대로 바라볼 수 없게 만들었다.

2) 합의 내용

다음 날 K는 모든 연구원이 모여 있는 자리에서 어제의 거친 말에 대해서 다시 사과했다. 해서는 안 될 말을 해서 감정을 상하게 해 미안하다고 사과를 했다. 또한 P가 올려준 자료를 살펴보았는데, 우리가 보완해야 할 부분에 대한 필요한 내용이어서 도움이 될 것이라는 말과 함께 고맙다는 말도 덧붙였다. S 팀장은 서로에 대해 조금이나마 마음이 풀렸다니 다행이라면서 우리가 프로젝트 마무리까지 잘해보자고 했다.

그리고 협상가 과정에서 배웠던 사회적 스타일 모델에 따라 각자의 업무 스타일에 맞도록 상호 업무조정을 할 필요성이 있음을 설명했다. K와 P의 갈등과는 별개로 사회적 스타일이 서로를 바라보는 데 영향을 미친다는 것을 설명했다.

사회적 스타일 모델에 따르면, P는 활발하고, 신속하고, 충동적인 면이 있다. 외향적이면서도 사람 중심적 성격이다. 반면에 K는 신중하고, 과업 지향적이며, 항상 논리적 관계를 중시한다. 내향적이면서 일 중심이다. K가 바라보는 활달한 P는 덜렁대며 모자라는 사람으로 생각된다. 반면, P는 분석적인 K를 좀생이같이 쪼잔하게 따지기만 하는 사람이라고 생각되는 것이다. K와 P는 서로 반대의 성향을 가지고 있었기 때문에 서로에 대해 일하는 방식을 수용하는데 다르다는 것을 설명했다.

P는 활달한 성격에 맞게 관계를 맺고, 유지하고, 기업체들과 어울릴

수 있도록 하는 업무를 맡는 것이 적합하고, K는 정확하고 구체적인 사실과 정보를 다루는 업무에 적합하고, 논리적인 성향에 따라 보고서 작성과 사업기획의 업무를 맡는 것이 적합하다고 설명했다. S 팀장은 좋은 생각이라며, 본인을 포함하여 모두가 자신의 업무 스타일에 맞는 업무를 작성해보고, 조율해 보자고 하였다. 연구원들이 같은 업무를 담당하기보다는 각자의 스타일에 맞는 업무를 재분배해서 서로 간의 중복을 방지할 필요도 있다.

그래서 P는 대외적인 역할과 기업 네트워킹을 담당하게 하였다. K는 프로젝트를 총괄하면서 연구보고서의 작성과 사업기획을 담당하게 하였다.

5. 갈등 구조분석 및 교훈

1) 갈등 구조분석

해당 사례를 통해 갈등 구조관계를 분석해 볼 수 있다. 첫 번째, 갈등 당사자는 연구원 K와 연구원 P이다. 이들의 갈등은 과거 프로젝트를 진행하는 과정에서 K가 가졌던 P에 대한 인식이 현재의 갈등에도 영향을 미치고 있다. 물론 P는 K가 자신을 별로 좋아하지 않는 것은 알겠는데, 그 원인이 무엇인지는 모르고 있다.

둘째, 갈등의 쟁점은 착수보고에 대한 전문가들의 의견을 수렴하고 이에 대한 수행기관의 답변을 작성해서 제출해야 하는데, 보고 자료에 맞게 작성한 자료를 보내온 것이 아닌 새로운 자료를 공부하자고 올려놓은 것이 K의 감정을 요동치게 만들었다. P는 자신이 쉽게 구할 수 없는 자료를 구해서 올려놓았으니, 자신이 중요한 일을 했다고 뿌듯해했다. 결과적으로 프로젝트를 진행하는 과정에서의 업무 역할에 대한 인식의 차이가 있다.

셋째, 갈등의 원인으로 K의 인식 속에 있는 P에 대한 편견이 작용했다. 그 인식이 P가 공부하자고 올려놓은 자료를 보는 순간 표출된 것이다. P는 자신의 노력을 인정해 주지 않은 K에 대한 서운함이 갈등의 원인이었다.

표 2.9.1 갈등 구조분석

구분	내용
갈등당사자	연구원 K, 연구원 P
갈등쟁점	- 검토의견 답변서 제출 보고서 작성 중 공부하자고 자료를 제출 - 역할에 대한 상호 인식의 차이
갈등원인	- 과거 프로젝트에서 업무처리가 늦는 것을 경험해 K가 P를 신뢰하지 않음 - K가 올려놓은 보고서에 감정적인 대응 - P의 노력에 대해 K가 인정해 주지 않음
입장	- K : P가 제대로 된 보고서를 작성해서 제출해주길 원함 - P : 프로젝트 아이디어를 제안했는데, K가 인정하지 않아 서운함
이해관계	- K : P에 대한 편견이 있었음. P를 연구원이 아닌, 자문위원으로 배정하길 원함. - P : K가 자신의 노력을 인정해 주길 원함. 인정받고 싶음
해결기법	- 언행 사과와 감정개선 필요 - 상대의 긍정적인 측면에 대한 인정 - 서로의 강점을 바탕으로 역할을 배정함으로써 협력적으로 프로젝트 수행

넷째, 각자의 입장과 이해관계를 살펴볼 수 있다. K는 P가 제대로 된 보고서를 작성해서 제출해주었으면 하고 바라고 있었지만, 기대할 수는 없다고 생각했다. 그냥 처음부터 말했듯이 P를 자문위원으로 위촉했으면 하였다. 함께 하기 부담스러운 마음을 갖고 있었다. 반면, P는 과거 프로젝트에서 이미 본인은 보고서를 제출했고, 제출 이후의 상황은 모르기 때문에 K가 자신에게 싸늘하게 대하는 것을 이해할 수가 없다. 이번에도 아이디어를 자신이 제안했는데, K가 이를 인정해주지 않는 것 같아 서운한 감정이 있다. 자신이 열심히 하고 있고, 이를 인정받고 싶다.

다섯째, 결국 갈등은 K가 가지고 있는 인식과 이로 인한 감정에서 발생했다. 따라서 K가 자신이 한 거친 언사에 대해 사과를 했고, P가 열심히 했다는 것을 인정함으로써 갈등을 해결할 수 있었다. 또한 각자의 사회적 스타일에 따라 적합한 역할을 배정함으로써 협력적으로 업무를 수행하게 되었다.

2) 사례의 교훈

이번 일을 통해 K는 실제 아는 것과 실천하는 것은 다르다는 것을 경험하였다. 조직 속에서 구성원 간의 갈등은 필연적이다. 세상에 자신과 똑같은 사람은 아무도 없다. 그래서 다른 사람과의 만남에서 상호 간의 불일치는 너무나도 당연하다. 그럴 때 우리는 어떻게 하면 서로 간의 갈등을 예방하거나 혹은 미연에 방지할 수 있을까? 어떻게 하면 상대를 온전히 바라볼 수 있을까? 어떻게 하면 감정을 누그러뜨리고 상대를 볼 수 있을까? 감정적 대응을 줄이는 방법은 의식적으로 감정과 문제를 분리해서 접근하는 것이다.

K는 과거의 경험을 통해 만들어진 선입견으로 P를 '능력 없는 사람'이

라고 대했다. 이처럼 사람을 대할 때, 상대방에 대한 편견이 감정과 결합하여 대하는 경향이 있다. 갈등의 실제 핵심은 밑바닥에 깔려있는데, 감정이 섞여 갈등을 더 복잡하게 만든다. 결국 감정을 제대로 처리하지 못한 채 대화를 이어가면 갈등이 심화하거나 없던 갈등도 생긴다. 현재의 상대를 온전히 바라보지 못해서 발생한 일이다. 협상 과정에서 협상에 임하는 마음가짐으로 '역지사지(易地思之)'를 이야기한다. 말로는 쉽게 표현하는 역지사지가 실제 갈등 상황에서 제대로 발현이 되지 않는다. 따라서 이번 사례를 통해서 다음의 교훈을 생각해 볼 수 있다.

첫째, 사람은 완벽하지 않다는 것을 알아야 한다. 잘하는 부분도 있고 부족한 부분도 있게 마련이다. 어떤 부분을 바라보는가가 상대에 대한 인식에 영향을 미친다. 부족한 면을 부각해서 보게 되면, 상대는 능력이 부족한 사람으로 기억되는 것이다.

둘째, 상대방에 대해 모든 것을 안다는 것은 불가능하다. 앞에 사람은 완벽하지 않듯이 결국 내가 상대를 보는 만큼만 상대가 보인다.

셋째, 상대를 이해하기 위해서는 소통이 자주 있어야 하며, 소통하기 위해서는 상대방에게 관심이 있어야 가능하다. 결국 상대를 이해한다는 것은 겉으로 보이는 것도 있지만, 상대의 속마음을 이해하기 위해서 소통이 중요하다.

넷째, 잘못에 대해서는 바로 사과를 하는 것이 중요하다. 상대가 그렇게 행동해서, 내가 오해를 할 수도 있고, 상대를 잘 못 이해해서 오해를 할 수도 있다. 이러한 오해가 갈등의 원인이 된다. 그래서 잘못을 깨달았을 때는 바로 사과를 하는 것이 중요하다.

다섯째, 감정적 대응은 관계를 안 좋게 만들뿐이다. 사례에서도 내적 감정이 여과 없이 외부로 분출됨으로써 서로 간의 언쟁이 되었다. 오히려 감정이 격화될 때는 빨리 그 상황을 벗어나는 것이 필요하다. 스티븐 코비는 '성공하는 사람들의 7가지 습관'에서 멈춘 버튼이라는 개념을 이야기하고 있다. 감정이 격화되는 상황에서 멈춤 버튼을 누르고, 생각하고 반응을 선택해서 행동해야 한다는 것이다. 그리고 감정적 대응을 줄이는 문제와 감정을 분리해서 접근하는 것이다.

여섯째, 갈등을 예방하는 것도 중요하지만, 이미 갈등 상황이 발생했을 때 이를 관리할 수 있는 갈등관리 역량을 키우는 것이 필요하다. K는 협상과정을 통해서 갈등 상황에서 어떻게 진단하고 처방해야 하는지를 학습을 했었다. 알고 있는데도 막상 갈등 상황이 벌어지면 적용이 쉽지 않았다. 결국 학습이 체화되기 위해서는 지속적인 훈련 또한 필요하다.

사례 10. 인사평가 면담 갈등해결 사례

1. 갈등의 배경

LC 기업은 중국에서 직접 식품을 제조하고 판매하는 조직을 운영하는 한국 회사의 중국법인이다. 그동안은 한국에서 제조한 제품을 수출하는 방식으로 사업을 운영하였으나 적극적인 현지 시장 공략을 위하여 중국 현지법인을 인수·합병하여 운영하기로 하였다. 이러한 전략에 따라 중국 내 생산법인과 영업법인을 총괄하는 회사가 새롭게 설립되었는데 이 회사가 LC 기업이다.

주재원 인사 팀장 K는 중국에서 장기적인 지속 경영을 염두에 두고 설립한 기업이다 보니 인사제도의 설계에 무척 공을 들였다. 인사 팀장은 글로벌 인사컨설팅회사인 H와 10개월에 걸쳐 중국 현지에 적합한 인사제도를 수립하는 프로젝트를 완성하였다.

평가제도 측면에서도 당시에 가장 유행하였던 MBO 방식을 적용하였다. MBO(Management By Objectives)란 목표에 의한 관리를 의미하는데 조직의 목표를 달성하기 위하여 담당자 개인의 목표를 정하고 그 결과로 성과평가를 실시하는 방식을 말한다.

인사제도 수립 프로젝트를 주도하였던 주재원 인사 팀장 K는 인사팀 현지 직원 다섯 명에 대한 인사평가를 엄격하게 진행하였다. 각각의 직원들과 평가 결과를 면담하는 절차도 충실하게 진행하였다.

인사 팀장은 다섯 명의 팀원 중 B, C, D, E 사원은 특별한 문제없이 면담을 마쳤다. 마지막으로 A 사원과 면담을 하는 과정에서 A 사원이 자신은 살아오면서 지금까지 이런 평가점수를 받아 본 적이 없으며 자신의 인생에 대한 모욕이라고 느낀다는 반응을 보이면서 펑펑 울었다. A 사원은 한동안 인사 팀장 K와는 눈도 마주치지 않고 지냈다.

인사팀장 K는 A 사원에게 충분히 친절한 태도로 설명을 하였는데 이러한 상황이 벌어져서 무척 당황스러웠다. 인사팀장 K는 이 평가라는 것이 올해 각자가 보여준 역량과 업무 실적에 대한 것이지 사람에 대한 전반적인 평가가 아니라고 A 사원에게 추가로 설명하고 위로하였으나 상황은 좋아지지 않았다.

LC 기업의 인사평가는 역량평가, 업적평가로 구분하여 팀 단위로 진행한다. 역량평가는 현지 직원들이 보유해야 하는 역량을 9개로 정하고 있고, 개인이 보유하고 있는 역량 수준을 평가하여 개인의 역량 개발을 지원 및 관리하기 위해 운영한다. 업적평가는 주요 과업의 목표 달성 수준을 평가하여 기여도를 반영하여 승진 및 임금협상에 반영하기 위해 운영한다.

인사 팀장 K가 평가한 현지 직원 5명에 대한 인사평가 결과는 역량평가가 A 사원 80점, B 사원 85점, C 사원 85점, D 사원 90점, E 사원 85점이었고, 업적평가는 A 사원 70점, B 사원 78점, C 사원 85점, D 사원 87점, E 사원 80점이었다.

표 2.10.1 인사팀 현지 직원 5명에 대한 인사평가 결과

구분	A 사원	B 사원	C 사원	D 사원	E 사원
역량평가	80점	85점	85점	90점	85점
업적평가	70점	78점	85점	87점	80점

2. 갈등의 당사자와 쟁점

1) 인사 팀장 K

인사 팀장 K는 원칙과 절차가 중요하고 예외를 만드는 것이 불편한 외향적인 성격의 직장생활 12년 차의 인사 분야 전문가이다. 중국 주재원으로 발령받기 위하여 꽤 큰 노력을 기울였고 한국에서 LC 기업에 거는 기대가 매우 큰 것을 잘 알고 있다. 그래서 본인이 관리하는 인사관리에 있어서 원칙과 절차를 공정하게 적용하기 위해 노력하고 있다.

인사 팀장 K는 이번 인사평가 결과 면담에서 A 사원의 태도를 도저히 이해할 수 없었다. A 사원이 평소에 예의 바르고 한국어에도 능숙하여 한국과 관련된 업무를 처리하다 보니 자신이 매우 우수한 직원이라고 착각하는 것 같았다.

A 사원은 한국과 관련된 업무 외에는 미숙한 부분이 많았고 실수도 꽤 자주 하는 편이었다. 회사 설립 초기에 복잡한 일이 많으니 그럴 수 있다고 생각하고 A 사원을 관대하게 처리해 준 것이 대부분이었다.

매사에 관대하게 처리해 준 것이 문제였는지, A 사원은 자신이 처리한 일들은 큰 문제가 없었는데 자신의 평가 결과가 왜 역량평가 80점, 업적평가 70점밖에 안 되냐고 되묻는다. 그리고 자신의 인생을 살아오면서 이런 평가를 받은 적은 없었다며 펑펑 울었던 것이다.

인사 팀장은 당해 연도 인사평가를 자신의 인격에 대한 평가로 받아들이는 것을 보고 인사평가와 인간평가는 다른 것임을 목이 아프도록 이야기하였으나 소귀에 경 읽기 같다.

2) A 사원

A 사원은 내성적인 성격의 경력 7년차 조선족 여성 직원이다. 중국에서는 외국계 기업에 대하여 요구하는 서류가 매우 많고 까다롭다. 한 번에 제대로 챙기지 못하면 번거로운 일이 생기기 때문에 관공서 직원들과의 관계도 잘 유지해야 하고 한국에서 받아야 하는 서류를 챙기는 것도 만만치가 않은데 제법 잘 관리하고 있다.

처음 해보는 일이 대부분이어서 가끔 빠뜨렸던 것이 있기는 하지만 숨기지 않고 제때 보고하여 큰 문제가 생기는 일은 없었다. 한국에서 파견 온 주재원들이 생활에 곤란한 일이 있을 때 A 사원에게 도움을 청하는 일이 많다. A 사원은 한국인 주재원이 최초 부임을 하였을 때 거주할 집을 알아보고 임대차 계약 체결을 도와주는 일을 도맡아 왔고, 중국어가 서툰 주재원들이 소속 부서의 현지 직원들과 업무적으로 소통을 할 때에도 통역을 꽤 많이 담당해 주었다. 어떤 때에는 주재원 가족과 함께 그들의 자녀 학교에 방문하여 입학 수속을 도와준 적도 있다. A 사원은 바쁜 시간을 쪼개어 이러한 일들을 부탁 받았을 때 싫은 내색 한 번 하지 않고 최선을 다해 도와준 결과가 이럴 수가 있냐고 생각한다.

A 사원은 이전 회사에서 인사평가를 90점 밑으로 받아 본 적이 없었기에 어떻게 이런 점수가 나왔는지 이해할 수 없었고, 이번 인사평가에서 인사팀 직원 중에 본인이 가장 낮은 점수를 받은 것도 불만스러웠다. 한국 기업인 LC 기업으로 입사하여 좋은 경력을 쌓아가려고 생각했었는데 팀 내에서 가장 낮은 인사평가가 승진에 반영되면 자신의 경력이 망가지는 것은 아닌지 걱정이 되었다. LC 기업으로 이직한 것이 후회되며 인사 팀장 K와는 이야기하기도 싫다고 한다.

그림 2.10.1 인사평가 결과 면담 과정에서의 갈등 지도

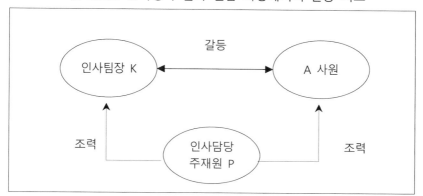

3. 갈등해결 과정

1) 인사 담당 주재원 P의 소통

　P는 중국의 일류대학을 졸업하고 LC 기업이 설립되기 전까지 줄곧 중국사무소에서 근무해온 한국 직원이다. 외향적 성격에 정이 많고 중국문화에 익숙하며 중국어가 능통하여 회사 내에서 현지 직원과의 소통이 가장 훌륭하다.

　P는 인사 분야의 경험은 없지만 이러한 장점을 활용하기 위하여 인사팀에서 인사 담당 주재원으로 근무하고 있다.

　P는 A 사원이 인사평가 결과 면담 후 인사 팀장 K와 눈도 마주치지

않는 상황을 보고 적극적으로 A 사원의 편을 들어주었다. A 사원이 하소연하는 것을 충분히 경청하였고 인사 팀장 K가 회사 설립 후 첫 번째 인사평가여서 회사 내 기강을 잡으려고 일부러 높은 점수를 주지 않은 것 같다고도 이야기를 하였다.

> P는 A 사원에게 이런 요지의 말을 했다고 인사 팀장에게 들려주었다.
> 인사 팀장 K는 융통성과는 거리가 먼 사람이다.
> 다른 직원들도 좋은 평가점수를 받은 사람이 없다.
> 인사 팀장 K는 평소에 A 사원에 대해 항상 좋게 이야기한다.

A 사원은 P가 자신의 이야기를 충분히 들어주고 인사팀장 K가 평소에 자신에 대해 좋게 여기고 있다는 이야기를 듣고 나서 마음이 조금은 누그러진 것 같다. P는 인사팀장 K와 저녁 식사를 함께하면서 A 사원과 나누었던 이야기를 들려주었다. 그리고 중국 현지 직원들이 평가에 예민하게 반응하는 것이 중국 사회의 문화와 큰 연관이 있다는 것도 알려주었다. P는 자신이 인사팀 현지 직원들과 저녁 식사 자리를 만들어볼 테니 팀 분위기가 좋아질 수 있도록 다독여주는 것이 좋겠다고 제안하였다.

2) 인사팀 현지 직원들과의 저녁 식사 그리고 소통

P의 사전 준비를 통해 고급 식당에서 인사팀 7명이 저녁 식사를 하게 되었다. 처음에는 조금 서먹한 분위기가 있었으나 술이 한두 잔 들어가면서 분위기가 좋아졌고 A 사원과도 이야기가 상당히 진행되었다.

인사 팀장 K : 본의 아니게 마음에 상처가 되게 한 것 미안합니다.

A 직원 : 인사평가 결과를 듣고 너무 속상했습니다.

인사 팀장 K : 나는 LC 기업의 인사평가를 관리하는 책임자로서 많은 부담을 느꼈습니다. 엄청나게 많은 비용을 들여서 만들어낸 인사시스템인데 첫 해 인사평가부터 대충 이루어지는 것이 걱정되었어요. 그래서 우리 인사팀부터 엄격하게 적용하였고 A 사원이 이렇게 받아들일 줄 정말 몰랐습니다.

A 직원 : 저는 누구보다 열심히 일했고 특히 한국 주재원들과 친하다고 생각했어요. 주재원들이 소통에 어려움을 겪을 때 제가 통역을 해 준 적도 많았고, 그들이 중국에 처음 와서 거주할 집을 구할 때에도 제가 다 도와주었습니다. 자녀들이 학교에 입학하는 것도 도와준 적이 있는 것 잘 아시잖아요. 이런 노력들이 하나도 인정받지 못했다고 생각했고 너무나도 슬펐습니다. 이 회사에 괜히 들어왔다는 생각도 들었고 회사를 그만둘까 하는 생각도 들어요. 인사 팀장님이 평소에 저를 가깝게 대해주셨는데 인사평가결과를 듣고 나서 인사 팀장님에 대한 실망도 정말 큽니다.

인사 팀장 K : 주재원들의 생활 문제를 내 일처럼 도와주어 항상 고맙게 생각하고 있습니다. 올 해 인사평가는 다른 부서에서 너무 높은 점수를 부여하여 부서 간 형평성에 문제가 발생하였습니다. 인사 팀장으로서 너무 아쉽습니다. 그래서 이번 인사평가 결과를 그대로 내년 승진과 임금협상에 반영하는 것은 어려울 것 같아요. 부서장들과 직원들에 대한 추가 교육도 반드시 해야 할 것 같고요.

A 직원 : 그러면 올 해 인사평가 결과는 어디에 반영하게 되나요?

인사 팀장 K : 아쉽지만 처음 실시해본 경험으로 끝나게 될 것 같습니다. 인사평가에 대한 제대로 된 인식을 하도록 교육하는 정도로 사용될 수밖에 없을 것 같습니다. 이번 인사평가 결과를 승진과 연봉협상에 적용하기에는 무리가 있을 것 같거든요. 우리 인사팀에서 실시한 인사평가 결과를 잘 기억해두세요. 자세한 운영기법은 나중에 잘 가르쳐드리겠습니다.

3) 인사 팀장 K와 A 사원의 추가 면담

며칠 후 인사팀장 K는 A 사원에게 인사평가를 관리하는 업무를 담당해볼 것을 제안하였다. LC 기업의 인사평가제도를 이해하는 것은 인사 담당 주재원 P가 도와줄 수 있으니 너무 걱정하지 않아도 되고 인사평가 업무를 잘 수행하면 내년에는 올해보다 훨씬 좋은 평가를 받게 될 것임을 설명하였다.

그리고 각 부서의 팀장이 높은 평가점수를 준다고 해서 그 점수가 그대로 평가 결과에 반영되는 것이 아니며, 평가자가 높은 평가점수를 고집하면 부서 간의 형평성을 맞추기 위한 평가오류 조정기법이 적용된다는 것도 이해가 되도록 알려주었다.

A 사원은 인사팀장 K의 제안을 받아들이지 않았다. 인사평가를 관리하는 업무는 지금까지 해본 업무가 아니고, LC 기업이 자리를 잡기 위해서는 현재 자신이 하고 있는 일에 충실한 것이 더 좋을 것 같다는 이유였다. 지금까지도 잘 해왔지만, 앞으로는 더욱더 실수 없이 잘 해내겠다고 하였다.

4. 갈등해결 결과

이 사례에서는 인사 팀장 K와 직원 A 사이에서 갈등이 발생하였다. 인사 팀장 K는 엄격한 평가를 통해 인사제도가 교과서처럼 운영되기를 원했었고 중국에서의 인사업무 경험이 없었기 때문에 고지식하게 평가를 진행하였었다. 직원 A는 이런 상황을 처음 경험하면서 인사 팀장 K에 대한 배신감과 서운함을 감당하지 못하는 상황을 만나게 되었던 것이다.

다행히 중국문화에 정통한 인사담당 주재원 P의 능숙한 조언과 조력으로 두 갈등 당사자의 감정을 추스를 수 있었으며 갈등발생 이전의 상태를 회복할 수 있었다.

표 2.10.2 갈등 당사자의 입장과 이해관계

구분	인사 팀장 K	A 사원
입장	공정한 평가를 위해 엄격하게 적용한 결과임	-A 사원 자신의 낮은 점수를 인정 못함 -한국 주재원들의 부임 후 생활을 도운 측면은 전혀 평가에 미반영됨
이해관계	-공정한 평가를 위해 엄격한 평가가 필수임 -많은 비용을 들인 인사시스템의 정착이 성공해야함	-내년 승진 및 연봉협상에 불리할 것이라는 불안감 -한국 주재원들에게 도움을 주었던 노력이 반영되지 않음

직원 A가 이번 인사평가 결과는 어떻게 반영할 것인지 물었을 때 인사 팀장 K가 승진, 연봉협상에는 반영하지 않고 교육하는 용도로만 사용할 생각이라고 명확하게 알려준 것도 직원 A의 경력관리에 대한 불안감을 해소하여 준 측면도 있다. 직원 A와 소통하는 과정에서 인사 팀장 K 스스로도 올 해 인사평가결과를 교육자료로 활용하여 제도를 보완해야겠다는 계획이 명확해 진 것도 갈등해결에 도움이 된 것이라고 할 수 있다.

5. 갈등해결의 구조분석과 교훈

1) 갈등해결의 구조분석

표 2.10.3 갈등해결의 구조분석

구분	내용
갈등당사자	인사팀장 K, A 사원
갈등쟁점	인사평가결과 면담
갈등원인	- 인사평가에 대한 이해가 다름 - 팀내 가장 낮은 점수, A 사원의 기대에 못미치는 낮은 점수
입장	- 공정한 평가를 위해 엄격하게 적용한 결과임 - A 사원은 자신의 낮은 점수를 인정 못함 - 한국 주재원들의 부임 후 생활을 도운 측면은 평가에 고려되지 않아 섭섭함

이해관계	- 공정한 평가를 위해 엄격한 평가가 필수임
	- 좋은 평가를 받아서 내년 승진 및 연봉협상에서 유리한 상황
	  을 만들고 싶었음
	- 통역과 주재원 생활에서의 도움을 주는 것도 업무의 하나라
	  고 생각하고 있었음

해결기법	- 사과, 감정상태를 솔직하고 완곡하게 표현
	- 엄격하게 적용한 평가결과였지만 내년 승진, 연봉협상에는
	  적용하지 않음으로 인해 불이익이
	  없을 것이라는 확인을 해 주었음
	- 인사평가 담당자로서 근무기회부여를 제안함으로서
	  진심으로 A 사원의 역량 성장을 도우려는 의지 보임
	- 문화적 다양성에 강한 강점이 있는 조력자의 의견을 적극
	  반영함

해결조력	인사담당 주재원 P

이 사례의 갈등 당사자, 갈등쟁점, 갈등원인, 입장과 이해관계, 해결기법과 해결조력자를 **표 2.10.3**에서 정리하였다. 이 표의 구조분석을 살펴보면 갈등 당사자인 인사팀장 K와 A 사원이 개인적인 입장과 이해관계가 갈등쟁점인 인사평가결과의 면담에서 제대로 엇갈리면서 갈등으로 발전하는 상황과 해결조력자인 인사담당 주재원 P의 역할과 적용된 갈등해결 기법을 쉽게 알 수 있다.

2) 사례의 교훈

사례에 나온 것처럼 인사평가를 마무리한 후 평가자와 피평가자의 갈등은 거의 모든 조직에서 경험하게 된다. 우리나라의 경우 인사평가 결과가 마음에 들지 않는다고 해서 평가자에게 설명을 요구하는 경우는 거의 보지 못했다. 물론 거의 모든 기업에 평가 결과에 이의를 제기하는 절차가 마련되어 있기는 하다.

이 사례의 갈등해결 과정에는 Mayer Model의 갈등 클러스터(Clusters of Conflict)라는 개념과 연계하여 생각해 볼 수 있다. Mayer Model에서 이야기하는 갈등 클러스터에서는 모두 다섯 개의 영역(소통, 감정, 가치, 구조, 역사)에서 갈등의 원인이 작용한다고 설명하고 있다. 이번 사례는 이 다섯 개 중에서 소통, 감정, 가치, 역사의 네 가지 영역에 걸쳐 갈등이 작용하고 있는 것으로 보인다.

첫째, LC 기업 설립 초기에 너무 엄격한 인사평가를 진행하여 현지 직원들이 스스로 인정받지 못하고 있다고 생각할 정도로 오해의 발단을 제공하였다. 이 부분은 중국 현지 문화 사정을 조심스럽게 다루지 못했다는 점에서 '역사' 측면의 갈등 발생 원인으로 볼 수 있다.

둘째, 현지 사정에 정통한 인사 담당 주재원 P가 이번 사례의 직접 갈등 당사자인 인사팀장 K와 A 사원뿐만 아니라 잠재적 갈등 당사자인 인사팀 전원을 대상으로 적절하게 갈등해결의 조력자로서 역할을 하였다. '소통' 측면의 갈등 발생 원인을 해결할 수 있는 계기를 마련하였다고 볼 수 있다.

셋째, 갈등 당사자인 인사팀장 K와 A 사원은 신속한 후속 대화를 통해 주요한 갈등의 원인이었던 '소통', '감정', '가치'에 대해 이해할 수 있었고, 이를 통해 관계가 강화될 수 있었다.

넷째, 이질적 문화가 공존하는 조직에서 갈등과 갈등 당사자를 객관적으로 바라보고 적절한 시기에 효과적인 계기를 마련해줄 수 있는 조력자를 육성하는 것이 필요하다. 더불어 조직의 갈등관리를 위해 조력자의 개입을 공식화해 줄 제도적인 장치를 통해 문화적 차이를 인정하고 고려한다면 건강한 갈등관리가 이루어질 것으로 기대된다.

이 사례에서 볼 수 있듯이 복잡한 상황이 아님에도 불구하고 '소통', '감정'의 원인으로 갈등이 진행될 때는 효과적인 조력자의 역할이 중요하며 신속한 관계 회복을 위한 계기를 마련하여 갈등이 장기화되지 않도록 예방하는 것이 큰 도움이 될 것이다.

부록 2-10-1 한국 주재원들이 중국 현지인들과의 관계에서 유의할 사항

중국은 56개의 민족으로 구성된 국가이다. 우리나라에 비하여 다양한 인종, 언어, 문화와 유구한 역사를 갖고 있기 때문에 경험이 부족함에도 불구하고 모든 일을 쉽게 생각하고 대응하면 큰 대가를 치를 각오를 해야한다.

문화차이로 인한 갈등을 예방할 수 있는 유의할 사항을 몇 가지 적어보고자 한다.
1. 꽌시(관계)를 이해하여야 한다. 중국 사회에서는 꽌시를 통하면 안되는 일도 되게 할 수 있다는 말이 있다. 정말로 모든 것이 다 해결되는 것은 아니지만 꽌시 없이 덤벼들다가는 몇 배의 불필요한 노력을 하게 되는 상황을 경험할 수 있다.

2. 신뢰할 수 있는 관계의 중국인 친구가 있어야 한다. 알 것 같으면서도 모르는 상황이 많다. 조금 모호한 상황에 대하여 조언을 해 줄 수 있는 중국인 친구가 있다면 든든하게 지낼 수 있다.

3. 솔직한 것이 항상 좋은 것이 아니다. 중국인들은 사회에 나오기까지 꽤 험난한 학창시절을 거친다. 우리나라와는 다르게 제약도 많은 편이기 때문에 솔직하게 받아들이기 어려운 조언을 하면 난감한 상황이 되는 경우도 있다. 솔직하지 말라는 것이 아니고 부드럽고 정중한 태도로 표현하고, 부정적인 반응은 피하는 것이 좋다는 이야기다.

4. 의견을 끝가지 들어야 한다. 중국인들은 자기주장이 강한편이다. 학교에서 발표와 토론수업을 매우 중요시하기 때문에 상당히 훌륭한 주장을 펼치는 경우가 많다. 이들의 이야기를 경청하고 의견을 존중하는 태도를 보여주면 오해로 인한 갈등을 경험하는 일을 줄일 수 있을 것이다.

제3부 조직갈등해결 사례의 비교분석과 시사점

제1장 조직갈등해결 사례의 비교분석

1. 조직갈등해결 사례의 항목별 비교

2부에서 분석한 10가지 조직갈등 사례의 분류와 순서는 다음과 같이 정리된다.

[기업 간 갈등]
사례 1. 지자체 연구용역 수행 갈등해결 사례
[본사 지사 간 갈등]
사례 2. 종합병원 콜센터의 갈등해결 사례
사례 3. 지주와 자회사 간 갈등협상 사례
[직렬 간 갈등]
사례 4. 일직, 당직 근무제도 개편 협상 사례
[부서 간 갈등]
사례 5. 냉장고 제조판매 부서갈등 협상 사례
사례 6. 의료기기구매 부서갈등 협상 사례
사례 7. 생산 반장과 정비 반장 간 갈등해결 사례
[개인 간 갈등]
사례 8. 조직 내 복합적 관계갈등 해결 사례
사례 9. 프로젝트수행 중 개인갈등 해결 사례
사례 10. 인사평가 면담 갈등해결 사례

이 사례들을 비교하기 위해 조사된 항목은 갈등당사자, 갈등쟁점, 갈등

원인, 입장, 이해관계, 해결기법, 해결조력, 핵심교훈 등 8가지이다. **부록 3.1.1**은 각각의 사례별 항목을 요약하고 있다. 이들 항목 중 갈등해결의 기법과 합의결과를 사례별로 간명하게 정리하면 **표 3.1.1**과 같다.

표 3.1.1 사례별 갈등해결 기법과 합의결과

사례	갈등해결 기법	합의결과
사례 1. 지자체 연구용역 수행 갈등해결 사례	-제출지연 사과 -이해관계 충족 해결(추가 기간연장, 제출완료)	과제완료
사례 2. 종합병원 콜센터의 갈등해결 사례	-갑질을 하지 않으면서 업무효율성 증대와 복지 및 근무환경 개선	갑질문제 해결
사례 3. 지주와 자회사 간 갈등협상 사례	-자회사 인사부 설득과 협의 -노동조합 압력	자회사 간부 교체갈등 해결
사례 4. 일직, 당직 근무제도 개편 협상 사례	-생산반, 에너지 담당의 일당직 편성과 보상 -이해관계 충족시킨 해결책	일당직 근무제도 협의 변경
사례 5. 냉장고 제조판매 부서갈등 협상 사례	-공동목표설정 -개인갈등 화해,	매출저조문제 공동해결
사례 6. 의료기기구매 부서갈등 협상 사례	-사과와 감정 회복 -이해관계 충족 해법	카데터 추가확보 성공
사례 7. 생산 반장과 정비 반장 간 갈등해결 사례	-상호사과와 감정 회복 -이해관계 충족 해법	포장설비 트러블 발생 시 대응기준 마련
사례 8. 조직 내 복합적 관계갈등 해결 사례	-관계를 악화시키지 않도록, 행동유형 파악과 대처 -코칭으로 공감, 응원	복합적 관계갈등 해결
사례 9. 프로젝트수행 중 개인갈등 해결 사례	-언행 사과와 감정개선 -협력적 마인드 갖기	연구과정 관계회복
사례 10. 인사평가 면담 갈등해결 사례	-사과, 감정상태 표현 -새로운 기회 제공 -조력자 의견 주효	승진, 연봉협상에 불리할 것이라는 불안감 해소

2. 조직갈등해결의 공통적 특징

앞의 **표** 3.1.1과 **부록** 3.1.1에서 조직갈등 해결 사례들의 공통적 특징을 추출하기는 쉽지 않다. 모든 사례의 공통점은 없으며 몇 개의 사례에서라도 공통적으로 나타나는 특징들을 정리해보면 다음과 같다.

1) 사과와 감정의 회복

조직 내 갈등이나 조직 간 갈등이 진행되는 과정에서 당사자들 간의 감정이 악화되는 경우가 많다. 그래서 많은 갈등해결 사례에서 악화된 감정을 어떻게 회복할 것인가가 중요한 해결의 관건으로 나타나고 있다. 상대에게 감정을 상하게 한 언행이나 행동에 대해 사과하고 감정을 회복하는 조치가 공통적으로 가장 중요한 협상기법으로 나타나고 있다.

2) 공동 목표의 설정

조직갈등은 조직 내 하부기능을 수행하는 중에 발생하는 갈등이어서 조직 공동의 목표를 달성하려는 공통점을 강조하고 이를 실행하는 해결책을 모색함으로써 갈등해결에 성공하는 사례를 볼 수 있다.

3) 이해관계 충족의 옵션개발

갈등의 쟁점에 대해 당사자들의 입장이 대립되고 이해관계가 서로 달라도 이해관계를 충족하는 합의안을 도출하여 갈등을 해결하기도 한다. 몇몇 사례에서는 이해관계를 충족할 다양한 옵션을 개발하고 평가하여 양 측의 이해관계를 모두 충족하는 옵션을 선택하여 합의안에 도출하였다.

4) 조력자나 중립자의 역할

조직갈등은 분쟁으로 발전되어 소송으로 가는 경우가 희박하다. 노동갈등의 경우 노동법적으로 보장된 노동자의 권리를 찾기 위해 노동위원회나 법원을 이용하는 경향이 있다. 그러나 조직갈등은 같은 조직 내 업무처리상, 인간관계상 발생하는 갈등이므로 분쟁으로 가기 전에 조직 내에서 자체적으로 해결하기를 선호한다. 그래서 당사자들이 직접 갈등을 해결하지 못할 경우에도 외부 전문 조정인에게 의뢰하지는 않고 내부의 동료나 상사가 조력자나 중립적인 역할을 하여 갈등이 해결되도록 도움을 주는 특징을 보이고 있다.

제2장 조직갈등해결 사례의 교훈과 시사점

1. 조직갈등해결 사례에서 도출된 교훈

부록 3.1.1에서 사례별로 정리된 항목 중 핵심교훈을 별도로 발췌하여 **표 3.1.2**에서 재정리하였다. 사례에서 분석한 내용과 핵심교훈을 재해석하여 교훈을 알기 쉽게 풀어서 요약하면 다음과 같다.

사례 1의 교훈
계약이 체결된 상태에서 계약 불이행이나 계약 관련 갈등일 경우 무엇보다 계약 자체의 시비가 아니라 계약을 이행하기 위한 협상에 집중해야 할 것이다.

사례 2의 교훈
하위 부서에서 발생한 갈등을 해결하기 위해 상위 부서나 관리감독자가 책임을 맡는 경우 당사자의 애로사항과 입장을 적극 청취하고 최대한 수용하면서 접점을 찾도록 노력해야 한다. 상위 부서는 촉진자나 조정가의 역할도 하지만 때로는 최고 경영진의 결단력과 지원도 필요하다.

사례 3의 교훈
지주회사와 자회사는 같은 조직의 유기적 관계를 가지고 있으므로 장기적 관점에서 협력이 필요하다. 지주회사와 자회사가 소통이 중요하고 특히 체계적인 인사관리가 필요하다.

사례 4의 교훈

사전정보를 조사하여 대안을 준비한 상태에서 협상하는 것이 중요하고 결정권자와 협상을 하는 것이 효과적이고 결정권이 없는 하급자나 대리인과 협상은 최종 결정에 어려움이 있다. 조직 내 갈등의 해결은 상호관계를 잘 관리하는 것도 중요한 사항이다.

사례 5의 교훈

부서 간 갈등은 서로의 잘잘못을 따지는 것보다 공동의 목표를 설정하고 달성하는 방법이 해결책 찾는데 효과적이다. 여기서 공동목표를 협력하여 달성하기 위해 인간관계를 개선하는 것도 병행해야 한다.

사례 6의 교훈

부서 간 구매갈등에서 감정이 폭발하고 관계가 악화되었을 때 화를 낸 사람이 사과하고 감정을 개선하는 것이 1차적으로 중요하고 이러한 감정과 관계개선이 성과가 있을 때 실질적인 문제를 협력적으로 해결할 수 있다. 흔히 조직 내 부서갈등은 부서이기주의에서 발생되는데 소통과 협력을 통해 해결해야 한다.

사례 7의 교훈

당사자들의 1차적 목표와 입장이 대립되는 상황에서 상대를 이해하는 것이 필요하고 이해관계를 모두 충족시키는 협력전략이 갈등해결에 핵심인데 당사자들이 직접 갈등해결에 어려움이 있을 때 조직 내부의 조력자가 중요한 역할을 할 수도 있다.

사례 8의 교훈

　조직 내에서 상하간의 갈등은 업무적 갈등과 관계적 갈등이 혼합되어 나타나기 일쑤이다. 부하는 상사의 업무스타일이나 행동 성향을 파악하여 잘 대처함으로써 갈등이 발생하지 않도록 해야 한다. 조직 내 갈등이 발생하여 해결이 어려운 상황이 발생하면 동료나 믿을만한 제3자의 조력이나 코칭을 받는 것도 도움이 된다.

사례 9의 교훈

　조직 내 동료 간 갈등은 오해나 자기중심적 업무처리에서 나타나기 쉽다. 이런 개인적 관계에서 발생하는 갈등은 역지사지 방법으로 상대방을 이해하려는 노력이 선행되어야 하고 업무를 진행하기 전 상처를 준 언행에 대해 사과하고 감정을 개선하는 것이 필요하다. 구성원의 특성과 스타일에 맞는 업무 역할 배정이 갈등을 예방하고 조직효율성을 높일 수 있다.

사례 10의 교훈

　서로 다른 인종의 문화적 차이는 업무추진 상에서나 인간관계적 측면에서 조화를 이루지 못할 수가 있다. 각자 자신의 문화와 사회적 규범에 따라 상대방을 대하고 해석하려고 해서 소위 문화적 갈등을 유발할 수 있다. 그래서 상대 문화를 존중하면서 진솔한 소통이 절대적으로 필요하다. 때로는 양측 문화를 잘 아는 조력자의 도움이 필요할 때가 있기 때문에 같은 조직 내 문화적 차이가 존재하는 경우 갈등을 해결하는데 도움을 줄 조력자의 육성이 필요하다.

표 3.1.2 사례별 갈등해결의 교훈

사례	갈등해결의 교훈
사례 1. 지자체 연구용역 수행 갈등해결 사례	-계약의 이행 -계약시 계약내용의 점검 -약속이행 철저 -잘못을 했을 때는 사과, 과거를 들먹이는 것은 효과가 없음 소통을 진행
사례 2. 종합병원 콜센터의 갈등해결 사례	-당사자의 애로사항과 입장을 적극 청취하고, 최대한 수용하면서 접점 마련 노력 -경영진의 과감한 결단력과 지원
사례 3. 지주와 자회사 간 갈등협상 사례	-지주와 자회사 협력은 장기적 관점에서 진행 -지주와 자회사와의 소통, 특히 체계적인 인사 체계 마련 필요
사례 4. 일직, 당직 근무제도 개편 협상 사례	-결정권자와 협상 -사전정보조사와 대안의 준비 중요 -좋은 관계관리의 중요성
사례 5. 냉장고 제조판매 부서갈등 협상 사례	-공동목표 달성으로 해결책 모색 -인간관계 개선중시
사례 6. 의료기기구매 부서갈등 협상 사례	-사과, 감정개선으로 협력적 문제해결 -소통과 협력으로 부서이기주의 극복
사례 7. 생산 반장과 정비 반장 간 갈등해결 사례	-견해의 차이로 인한 상대방의 입장을 이해하는 것이 필요함 -우수한 조력자의 중요성 -합의에 이르는 협력전략의 성공요소를 신속하게 충족시키는 것이 필요함
사례 8. 조직 내 복합적 관계갈등 해결 사례	-개인의 업무스타일이나 평소 행동 성향을 파악하여 업무적 관계도 풀어갈 수 있음 -객관적인 입장에서 코칭을 해 줄 수 있는 조력자의 도움이 필요 -조직 구성원 간 팀에 대한 애정과 신뢰로 적극적 노력 의지가 필요함
사례 9. 프로젝트수행 중 개인갈등 해결 사례	사과, 감정개선으로 해결책 마련 각자의 사회적 스타일에 맞게 업무 역할 배정 필요
사례 10. 인사평가 면담 갈등해결 사례	-문화적 차이를 고려하여 조심스러운 접근 필요함 -갈등 클러스터의 영역을 분석하여 적절한 조치가 필요함(소통, 감정, 가치 등) -적극적인 역할을 할 수 있는 조력자의 육성이 필요

2. 본 사례연구에서 제시하는 시사점

본 사례연구를 통해 현장에서 실제 일어나는 갈등해결 이야기를 정리하고 분석하면서 이론에서 몰랐거나 간과한 상당한 지식이나 스킬을 발견하는 성과를 얻었음을 발견하고 놀라움을 금치 못하였다. 새로운 주장이나 이론이 아니면서도 특정 상황에서 새롭게 강조하는 사항을 알게된 것만 해도 사례연구를 할 가치가 있는 측면이다. 본 사례연구는 우리나라의 조직 내 갈등의 현장 이야기를 소개하면서 제안하고 싶은 시사점을 정리하고자 한다.

1) 한국인의 정서적, 관계적 특성의 고려

협상에서 감정과 관계는 매우 중요한 부분을 차지하고 있다. 특히 한국인의 정서적 기질은 매우 중요하다. 다른 나라 사람들에게도 알려진 것이지만 한국인은 빨리 빨리 하려는 조급성과 쉽게 화를 내었다가 풀어지는 특성이 있다. 불만이나 마음에 맞지 않을 때 화를 내면 상대를 자극하게 되고 상대도 화를 내고 상호 관계도 나빠질 수 있다. 이런 경우 정작 쟁점에 대해서는 협의하기 어려운데 감정을 회복하기 위해 사과만큼 좋은 방법도 없다. 사과하기 싫고 대화를 꺼리면 갈등이 해결되지 못하고 내면에 숨어 오래 지속될 수 있다. 그래서 상대방의 감정을 건드리는 언어는 피해야 하고 혹 상대에게 기분 나쁘고 화나게 했다면 가볍게 라도 사과하는 것이 좋은 방법이다.

2) 한국의 유교적 문화와 위계적 의식의 고려

협상에서 한국의 문화와 관습의 특성을 이해하고 활용하는 것도 중요하다. 역사적으로 오래 동안 유지해온 유교적 문화는 쉽게 사라지지 않고 생활 속에 깊이 자리잡고 있다. 조직 내에서도 상사, 연장자에 대한 예우는 유교적 미덕일 수 있는데 어떤 경우에는 부하나 연소자가 압박을 받고 불만을 가지게 되면 갈등으로 이어지게 된다. 상사의 위계적 의식과 부하의 평등적 의식이 충돌하면 그 자체가 조직의 갈등으로 발전한다. 그래서 최근 법제화된 직장 내 괴롭힘이나 MZ세대와의 문화충돌은 이러한 유교적 문화와 위계적 의식에 의해 나타난 갈등의 현상과 깊은 관련이 있다. 한국 전통적인 유교문화를 완전히 무시할 수는 없고 다만 계급의식이 아니라 인간의 존중과 소통으로 접근하는 것이 갈등해결에 효과적일 수 있다.

3) 조직문화와 CEO 리더십의 중요성

조직갈등은 같은 조직 내에서 발생하는 갈등이기 때문에 조직문화를 어떻게 만들어 가느냐에 따라 갈등의 빈도와 강도가 달라진다. 조직문화를 형성하는 데에 있어서 조직의 운영철학이 영향을 미치며 CEO의 리더십도 중요하게 작용한다. 예를 들어 CEO가 각 개인의 성과, 각 부서의 목표달성에 의해 개인별 연봉을 책정하고 조직전체의 목표와 비전, 부서 간의 협업을 강조하지 않은 경영철학을 가지고 있다면 개인 간 및 부서 간 경쟁을 촉진하는 분위기가 만연하고 곳곳에서 명시적, 잠재적 갈등이 발생할 가능성이 매우 높다. 따라서 갈등을 해결, 예방하고 조직의 효율성을 높이기 위해 CEO는 조직 공동목표를 제시하고 개인 간, 부서 간 협업을 강조하는 통합적 전략을 우선 추구해야 할 것이다.

4) 조직 구성원 소통교육으로 조직갈등 발생 예방

조직갈등은 같은 조직에 있으면서도 소통의 문제로 발생하는 측면이 있다. 당사자 간 소통이 이루어지지 않아서 오해를 하여 갈등이 발생할 수 있고 상대를 배려하지 않고 폭언을 하거나 상처를 주는 공격적인 언어, 무시하는 언어를 사용하여 갈등이 발생할 수 있다. 그래서 조직 구성원 모두에게 조직 내 소통기술을 교육시켜 갈등을 사전에 예방하고 조직의 부서장과 임원들에게는 갈등이 발생해도 해결하는 대화기법과 갈등해결 스킬을 함양하도록 해야 할 것이다.

5) 조직 내 갈등해결의 전문가 육성

한국인의 특징 중 하나는 조직 내의 갈등을 외부로 드러내기를 싫어하는 점이다. 그래서 조직 내 갈등이 발생했을 때 해결을 위해 노력하지 않고 덮어두려고 하고 외부로부터 도움을 얻으려고 하지도 않은 경향이 있다. 오히려 동료에게 고민을 털어놓고 자문을 받는 것이 가장 보편적인 방법이다. 외부의 갈등해결 전문가를 초빙해서 해결하는 것은 선호하지 않는 방식이므로 보다 효과적인 방법은 내부에서 갈등해결 전문가를 양성하는 방식이다. 갈등해결 상담창구를 별도로 개설하여 운영하거나 아니면 인사나 총무부서의 전담인력을 둘 수도 있다. 전담인력이나 창구를 찾지 않고 동료들의 상담, 자문을 얻는 방식을 선호하는 점을 고려하여 전 구성원들이 갈등해결 방법을 교육받도록 하는 것도 필요하다. 더 여유가 있다면 협상, 조정, 코칭도 배워서 조직갈등 해결에 효과적인 대처를 할 수 있으면 더 바람직하다.

부록 **3.1.1** 조직갈등사례 비교분석 표

[분류] 번호	[기업 간 갈등] 사례 1	[본사-지사 갈등] 사례 2.
제목	지자체 연구용역 수행 갈등해결 사례	종합병원 콜센터의 갈등해결 사례
갈등당사자	직접당사자: M 교수, J 주무관, 연구원 K 간접당사자: T 과장, S 팀장, 연구원 D, Q,	콜센터 운영조직, 상담조직, 위탁업체
갈등쟁점	연구용역 기간의 경과했는데도 연구용역 결과보고서 미제출	운영조직의 갑질이슈
갈등원인	-기간이 경과했는데도 연구용역 결과보고서를 제출하지 못함 지자체와 소통 부재	-운영조직에서 상담조직에 업무 전가 -매니저 이외의 상담사들에게 직, 간접적으로 업무 독려 등
입장	-M 교수 : 계약시 논의 되었던 것처럼 과업지시서는 참고로 하고, 심플하게 과업수행 -J 주무관: 계약된 내용 이행 -K 연구원: 계약된 내용 이행,	-운영조직: 업무 효율성 강조 -상담조직: 직간접적인 개입/갑질 이슈
이해관계	-M 교수 : 이미지 추락 -J 주무관: 인사상 불이익걱정, -K 연구원: 과업기간의 추가확보	-운영조직: 업무효율성(최소 자원으로 최대 효과) -상담조직: 복지혜택 및 근무환경 -위탁업체: 수익성
해결기법	-과업기간 경과했는데도 결과보고서를 제출하지 못한 것에 대해 사과 -과업보고서를 추가연장기간 내 작성 제출	-갈등 당사자가 모두 윈윈할 수 있도록 서로의 요구사항 수용
해결조력	연구용역 작업팀을 추가 확보 지자체의 자료 제공	신임 운영조직 부장
핵심교훈	-계약의 이행 -계약시 계약내용의 점검 -약속이행 철저 -잘못을 했을 때는 사과, 과거를 들먹이는 것은 효과가 없음 -소통을 진행	-당사자의 애로사항과 입장을 적극 청취하고, 최대한 수용하면서 접점 마련 노력 -경영진의 과감한 결단력과 지원

[분류] 번호	[본사-지사 갈등] 사례 3	[직렬 간 갈등] 사례 4
제목	지주와 자회사 간 갈등협상 사례	일직,당직 근무제도 개편 협상 사례
갈등당사자	(직접당사자) -지주 임원, 자회사 인사부장 (간접당사자) 자회사 -관리부장, 관리부 직원, 노동조합, 사업부서	(직접 당사자) -관리팀장 K, 노조위원장 C (간접 당사자) -생산반장, 에너지 담당, 사무직 직원
갈등쟁점	자회사 관리부장을 지주 임원이 요청하는 직원으로 교체	일당직 근무제도 변경
갈등원인	-지주 임원: 자신의 영향력 확대를 위하여 필요한 직원 추천 -자회사 인사부: 관리부 직원들의 사기 저하, 업무량 증가가 이를 우려하는 노동조합의 요구	생산반장, 에너지 담당이 일당직 근무에 편성됨
입장	-지주 임원: 자회사 관리부장 교체 -자회사 인사부: 프로젝트 승인을 위하여 인사이동 연기하고 후임 부장 선임 협의	-일당직 근무편성, 추가 보상은 없음 -평일 당직은 근무편성, 일당으로 보상
이해관계	-지주 임원: 자신의 영향력 확대 -자회사 인사부: 직원들의 불만을 수용하면서 실질적인 건설 입장 견지	-이미 편성된 근무 도중에 담당구역 순찰 -추가로 업무강도는 별 차이 없음 -일은 늘어나는데 보상은 없는 것은 합리적이지 않음
해결기법	-지주 임원에게 자회사 인사부의 지속적인 설득과 협의	-근로자 대표인 노조위원장의 영향력을 활용하여 집단갈등으로 확산되지 않게 관리 -좋은 관계를 활용 합리적인 양보 도출
해결조력	-자회사 노동조합	없음
핵심교훈	-지주와 자회사 협력은 장기적 관점에서 진행 -지주와 자회사와의 소통, 특히 체계적인 인사 체계 마련 필요	-결정권자와 협상 -사전정보조사와 대안의 준비 중요 -좋은 관계관리의 중요성

[분류] 번호	[부서 간 갈등] 사례 5	[부서 간 갈등] 사례 6
제목	냉장고 제조판매 부서갈등 협상 사례	의료기기구매 부서갈등 협상 사례
갈등당사자	-생산조립팀장 -판매마케팅팀장	-심장내과 전문의 -자재과 과장
갈등쟁점	-매출저조원인	카데터 추가 확보
갈등원인	-서로 상대방의 탓으로 비판	카데터 추가 구매
입장	-마케팅 혁신 -품질과 성능 개선	-당장 추가 구매 -다음주 구매 가능
이해관계	-연봉결정과 승진경쟁에서 유리	-주말응급환자 대비 -재고수준규정 준수
해결기법	-매출저조 공동해결 -개인갈등 대화화해	-사과와 감정 회복 -상호협력으로 카데터 차용 해법
해결조력	본부장리더십, 조정	-심장내과 직원들
핵심교훈	-공동목표 달성으로 해결책 모색 -인간관계 개선중시	-사과, 감정개선으로 협력적 문제해결 -소통과 협력으로 부서이기주의 극복

[분류] 번호	[부서 간 갈등] 사례 7	[개인 간 갈등] 사례 8
제목	생산 반장과 정비 반장 간 갈등해결 사례	조직 내 복합적 관계갈등 해결 사례
갈등 당사자	-C1 라인 생산반장 K -C1 라인 정비반장 M -생산오퍼레이터들 -정비 기술자들	기획운영파트장 K와 행사운영팀장 S 기획운영파트장 K와 A 대리 기획운영파트장 K와 B 대리
갈등쟁점	포장설비 트러블 정비조치	-새로운 구성원간 불신과 감정적 언행
갈등원인	C1 라인 포장설비 트러블에 정비기술자가 신속하게 투입되지 않음	-S 팀장의 K 파트장에 대한 무시 -K 파트장의 직원에 대한 감정적인 행동 -B 대리의 부족한 업무능력과 상사에 대한 불신
입장	-투입 가능한 정비기술자를 최대한 빨리 조치하였음 -정비기술자 요청한 지 30분이 넘어도 조치를 위한 투입을 하지 않고 있음 -이런 상황이 자주 반복됨	S 팀장 : K파트장이 업무처리 능력이 부족하다고 느낌 K 파트장 : 상사로부터 인정받고 자신을 소외시키고 실무자와 소통한다고 생각함 A 대리 : 팀장의 감정적 행동, 팀의 불안한 분위기가 싫음 B 대리 : 업무처리에 어려움을 느끼며 K파트장으로부터 무시당하고 있음
이해관계	-공장 전체의 트러블이 적시에 조치되어야 함 -C1 라인 생산트러블이 적시에 조치되어야함	-상하 관계로 상사로부터 근무성적 평가를 받아야 함 -관계가 불편하면 업무처리에도 영향을 미침
해결기법	-상호사과를 통해 감정 회복 -대안을 평가하여 최적의 합의안 도출 -향후 태도의 기준 마련	-A 대리가 구성원간 복합적 관계갈등을 해결하기 위한 H 선배직원의 코칭을 받음 -S 팀장과 K 파트장의 관계가 악화되지 않도록 역할 -K 파트장의 행동유형 파악, 유연한 대처 -B 대리에 대한 공감과 응원, 코칭으로 K 파트장과의 갈등 적응력 향상
해결조력	C2 라인 정비반장 P, 관리팀장 C	H 선배지원
핵심교훈	-견해의 차이로 인한 상대방의 입장을 이해하는 것이 필요함 -우수한 조력자의 중요성 -합의에 이르는 협력전략의 성공요소를 신속하게 충족시키는 것이 필요함	-개인의 업무스타일이나 평소 행동 성향을 파악하여 업무적 관계도 풀어갈 수 있음 -객관적인 입장에서 코칭을 해 줄 수 있는 조력자의 도움이 필요 -조직 구성원 간 팀에 대한 애정과 신뢰로 적극적 노력 의지가 필요함

[분류] 번호	[개인 간 갈등] 사례 9	[개인 간 갈등] 사례 10
제목	프로젝트수행 중 개인갈등 해결 사례	인사평가 면담 갈등해결 사례
갈등당사자	연구원 K, 연구원 P	인사팀장 K, A 사원
갈등쟁점	검토의견 답변서 제출 보고서 작성 중 공부하자고 자료를 제출	인사평가결과 면담
갈등원인	과거 프로젝트에서 업무처리 지연 경험으로 K가 P를 신뢰하지 않음	팀내 가장 낮은 점수, A 사원의 기대에 못미치는 낮은 점수
입장	-K : P가 제대로 된 보고서를 작성해서 제출해 주길 원함 -P : K가 자신이 일을 열심히 하고 있다는 것을 인정해 주길 바람	-공정한 평가를 위해 엄격하게 적용한 결과임 -A 사원 자신의 낮은 점수를 인정 못함 -한국주재원들 생활을 도운 측면은 전혀 평가에 미반영됨
이해관계	-K : P와 함께 일하고 싶지 않음 -P : 자신도 열심히 하고 있음을 인정받고 싶음	-공정한 평가를 위해 엄격한 평가가 필수임 -내년 승진 및 연봉협상에 불리할 것이라는 불안감 -한국 주재원들에게 도움이 되는 역할이 반영되지 않음
해결기법	언행 사과와 감정개선 필요. 협력적으로 프로젝트 수행	-사과, 감정상태를 솔직하게 표현 -내년 승진, 연봉협상에 적용하지 않아 불이익을 보지 않음 -근무기회부여를 제안하여 A의 역량 성장을 도우려 함 -문화적 다양성에 강한 강점이 있는 조력자의 의견을 적극 반영함
해결조력	-팀장이 적극적으로 나설 수 있음 -K와 P가 각자의 업무역할을 명확히 구분 진행	인사담당 주재원 P
핵심교훈	사과, 감정개선으로 해결책 마련 각자의 사회적 스타일에 맞게 업무 역할 배정 필요	-문화적 차이를 고려하여 조심스러운 접근 필요함 -갈등 클러스터의 영역을 분석하여 적절한 조치가 필요함(소통, 감정, 가치 등) -적극적인 역할을 할 수 있는 조력자의 육성이 필요

주석

제1부 조직갈등해결의 이론과 실무

제1장 조직갈등의 분야, 유형 및 특징

1) 원창희, 『갈등관리의 이해』, 2012
2) 원창희, 전게서.
3) Masters & Albright(2002), pp.15~18.

제2장 조직갈등의 분석 구조

4) Masters & Albright(2002), pp.15~18.
5) Masters & Albright(2002), pp.72-75.

제3장 조직갈등의 해결방법과 스킬

6) Masters & Albright, 전게서, p.79.
7) Masters & Albright, 전게서, pp.79-84.
8) Masters & Albright, 전게서, pp.85-88.
9) Exit-Voice Tradeoff 가설은 원래 Herbert Hirshman이 제기하였고 Brown & Medoff는 노동조합에 이직과 목소리 대체관계가 있음을 적용하였다. Freeman & Medoff(1984), pp.94-110.
10) Fisher, Roger and Danny Ertel(1995), Getting Ready to Negotiate: A Step-by-Step Guide to Preparing for Any Negotiate, New York, NY: Penguin Books.
11) 원창희(2016), p.133.
12) Masters & Albright, 전게서, p.144.
13) Masters & Albright, 전게서, pp.144-145.
14) 원창희, 전게서, pp.144-148.
15) 원창희, 전게서, pp.155-171.
16) 원창희, 전게서, p.223.
17) Frey(2003), p.229, 원창희, 전게서, pp.241-242.

제2부 조직갈등해결의 사례

사례 2. 종합병원 콜센터의 갈등해결 사례

18) 콜센터는 회사의 제품이나 서비스와 관련한 전화통화나 비대면을 통해 지원 서비스를 제공하는 장소, 집단을 가리킨다. 두 가지 유형이 있는데, 인바운드 콜센터와 아웃바운드 콜센터가 있다. 인바운드 콜센터는 종종 고객 서비스 및 특정 서비스에 대한 일반적인 문의와 관련된 일을 한다. 아웃바운드 콜센터는 조직을 대신하여 전화를 거는 상담사 그룹이 포함되며, 텔레마케팅 통화에서부터 연체관리 등 수금 통화에 이르기까지 다양하다.

사례 7. 생산 반장과 정비 반장 간 갈등해결 사례

19) 성력화(省力化, elimination of labor) : 생산성의 향상을 목표로 하여
생산공정에서 가공의 능률화나 공정 간의 공작물 운반의 능률화를 도모
하기 위해서 될 수 있는 한 작업을 기계화하고, 사람의 손을 필요로 하
는 작업을 생략하는 것
20) 규모의 경제(economies of scale) : 생산량이 증가함에 따라 평균 비
용이 감소하는 현상. 대규모 생산 설비를 갖추는데 초기비용은 많이 소
요되지만, 그 이후로 재화의 생산이 시작되면 총비용을 생산량으로 나
눈 평균 비용은 감소한다. (출처 : 나무위키)
21) 원창희(2021), 『성공하는 협상의 10가지 핵심역량』, 파인협상아카데미,
103-110.
22) David Merrill의 사회적 모델을 McCorkle & Reese(2010)이 시각적
으로 그래프 형식을 만들어 설명하였다(pp.111-112).

참고문헌

나무위키, "규모의 경제."

나무위키, "성력화."

원창희(2011), "한국형 통합갈등관리체계," 『산업관계연구』.

원창희(2012), 『갈등관리의 이해』, 한국문화사.

원창희(2016), 『협상조정의 이해』, 한국문화사.

원창희(2021), 『성공하는 협상의 10가지 핵심역량』, 파인협상아카데미

Business Jargons, "Organizational Conflict,"
  https://businessjargons.com/organizational-conflict.html

Donahue, Wesley E.(2022), *Understanding and Resolving Conflict: A Competency-Based Approach*, Pennsylvania: Centrestar Learning.

Draft, Richard L. and Steers, Richard M.(1986), *Organizations: A Micro-Macro Approach*, Scott Foresman & Co.

Fisher, Roger and Danny Ertel(1995), *Getting Ready to Negotiate: A Step-by-Step Guide to Preparing for Any Negotiation*, New York, NY: Penguin Books.

Freeman, Richard B. and Medoff, James L.(1984), *What Do Unions Do?* New York, NY: Basic Books, Inc.

Fisher, Roger, William Ury & Bruce Patton(1991), *Getting to Yes: Negotiating Agreement Without Giving In*, 2nd ed., New York, NY: Penguin Books.

Frey, Martin A.(2003), *Alternative Methods of Dispute Resolution*,

Canada: Delmar Learning.

Gleason, Sandra E.(1997), "Managing Workplace Disputes: Overview and Directions for the 21st Century," in *Workplace Dispute Resolution: Directions for the Twenty-First Century*, ed., Sandra E. Gleason, East Lansing, Michigan: Michigan State University Press, pp.1-16.

Lewicki, Roy J., Barry, Bruce, and Saunders, David M.(2015), "Best Practice in Negotiation," in *Negotiation Reading, Exercises and Cases*, 7th ed., Lewicki, Barry, and Saunders, (eds.), New York, NY: McGraw-Hill. pp.465-474.

Masters, Marick F. and Albright, Robert R.(2002), *The Complete Guide to Conflict Resolution in the Workplace*, New York, NY: AMACOM.

McCorkle, Suzanne and Reese, Melanie J., *Personal Conflict Management: Theory and Practice*, Boston, MA: Allyn & Bacon, 2010,

Ury, William L., Brett, Jeanne M. and Goldberg, Stephen B.(1988), "Three Approaches to Resolving Disputes: Interests, Rights, and Power," Lewicki, Barry and Saunders(2015), in *Negotiation Reading, Exercises and Cases*, 7th ed., Lewicki, Barry, and Saunders, (eds.), New York, NY: McGraw-Hill. pp.1-11.

Wikipedia, "Organizational Conflict."

■저자 원창희 프로필

[학력]
고려대학교 경영대학 경영학학사
고려대학교 대학원 경제학석사
미국 오하이오주립대(The Ohio State University) 경제학박사

[경력]
한국노동교육원 교육본부장, 교수
숭실대 노사관계대학원 겸임교수
한국노동경제학회 / 한국노사관계학회 부회장, 이사
서울지방노동위원회 / 경기지방노동위원회 공익위원
국회 환경노동위원회 전문위원
아주대학교 경영대학원 겸임교수
9th Asia Pacific Mediation Forum(APMF) Conference 준비위원장
단국대학교 경영대학원 협상론 강사
한국코치협회 인증코치
한국조정중재협회 부회장
한국갈등조정가협회 회장
미국 연방조정알선청 명예조정관(현)
서울중앙지방법원 / 서울가정법원 조정위원(현)
고려대학교 노동문제연구소 연구교수(현)
한국협상경영원 대표 / 원장(현)

[저서]
노사간 신뢰구축의 길(공저, 나남출판사, 2004)
노동분쟁의 조정: 이론과 실제(법문사, 2005)
사례로 배우는 대안적 분쟁해결: 협상조정중재(이지북스, 2009)
갈등관리의 이해(한국문화사, 2012)
직장인 행복서(인더비즈, 2014)
협상조정의 이해(한국문화사, 2016)
갈등코칭과 협상코칭(한국문화사, 2019)
함께 행복한 협상 이야기(네고메드, 2020)
성공하는 협상의 10가지 핵심역량(파인협상아카데미, 2021)
역사 속 위대한 협상가 이야기(파인협상아카데미, 2022)

■저자 박정일 프로필

[학력]
전북대학교 경영학사
전북대학교 경영대학원 경영학박사(인사조직 전공)
미드웨스턴침례신학대학원 목회학박사(D-min)

[경력]
전북은행 부장 (리스크관리 전문가)
경영지도사(중소기업청, 마케팅분야)
협상가1급, 마스터협상가 자격증(한국협상경영원)
한국협상경영원 전문위원(현)
온고을제자교회 담임목사(현)

■저자 진한겸 프로필

[학력]
초당대학교 상담심리학 석사

[경력]
영암군 장애인복지관 관장
영암군 청소년수련관, 청소년상담복지센터 근무
갈등관리협상과정 수료(2016)(전라남도 주관)
현장소통전문가 양성과정 수료(2019)(전라남도 주관)
협상가1급 자격증(한국협상경영원)
광주광역시 청소년상담복지센터 1388청소년지원단 위원(현)
영암군청 팀장(사회복지공무원)(현)
영암군청 사회복지공무원 동호회 회장(현)

■저자 조윤근 프로필

[학력]
단국대학교 경영학사
고려대학교 경영대학원 경영학석사(MBA), 인사조직전공

[경력]
롯데제과(주) 노사협력팀 팀장
롯데(중국)투자유한공사 인사팀 팀장
롯데(상해)식품유한공사 관리부 부장
대한민국 육군 중위 전역(ROTC)
서울시 영등포구 환경거버넌스 위원
협상가1급, 마스터협상가 자격증(한국협상경영원)
한국협상경영원 전문위원(현)
롯데웰푸드(주) 안전기획팀 매니저(현)

■저자 이강수 프로필

[학력]
전북대학교 경영학사
전북대학교 대학원 경영학석사
전북대학교 대학원 경영학박사

[경력]
국제공인경영컨설턴트(한국경영기술지도사회)
협상가1급, 마스터협상가 자격증(한국협상경영원)
전북대학교 강사(현)
한국협상경영원 전문위원(현)

조직갈등해결의 실무와 사례

1판1쇄 발행 2023년 12월 15일

지 은 이 원창희, 박정일, 진한겸, 조윤근, 이강수
펴 낸 이 원창희
펴 낸 곳 한국협상경영원
등   록 2020년 5월 11일
주   소 서울특별시 서초구 서초대로46길 99, 4196호(현빌딩)
전   화 02-6223-7001
팩   스 050-4186-4540
이 메 일 k-nego@daum.net
홈 페 이 지 www.k-nego.com

책값은 뒤표지에 있습니다.

ISBN 979-11-979913-0-1

이 도서의 국립중앙도서관 출판도서목록은 서지정보유통지원시스템
홈페이지(http://seoji.nl.go.kr)와 국가자료공동목록시스템(http://www.nl.go.kr/kolisnet)에서
이용하실 수 있습니다.(ISBN 979-11-979913-0-1 으로 검색)